现代汉语未登录词
词类和语义类标注研究

邱立坤　著

鲁 东 大 学 学 科 建 设 专 项 经 费 资 助
国家自然科学基金（编号：61572245）资助

科 学 出 版 社

北京

内 容 简 介

本书是语言学与计算机科学相结合的产物。作者不仅用语言学理论来指导计算机算法的设计，而且通过计算机算法的实验结果反过来验证并丰富语言学的理论。在大量统计、算法的基础上，提出与目前主流的分布词类观相反的论点，并用实验数据证明：在自动判断汉语新词语类别时词语内部结构特征比上下文分布特征更有效，进而提出内外结合原则，即判断新词语类别时应同时使用内部结构特征和外部上下文特征。基于这一原则，设计了相应的算法，实验结果表明这些算法要明显优于单独使用内部特征或者外部特征的算法。

本书适用于语言学领域及计算语言学、语料库语言学领域的师生和研究人员。

图书在版编目（CIP）数据

现代汉语未登录词词类和语义类标注研究 / 邱立坤著. —北京：科学出版社，2016

ISBN 978-7-03-049180-0

I. ①现… II. ①邱… III. ①现代汉语-词类-研究 ②现代汉语-语义-研究 IV. ①H136 ②H146.2

中国版本图书馆 CIP 数据核字 (2016) 第 146881 号

责任编辑：石 悦 赵微微 / 责任校对：李 影
责任印制：张 伟 / 封面设计：华路天然工作室

科 学 出 版 社 出版
北京东黄城根北街 16 号
邮政编码：100717
http://www.sciencep.com

北京京华虎彩印刷有限公司印刷
科学出版社发行 各地新华书店经销

*

2016 年 6 月第 一 版 开本：720×1000 B5
2016 年 6 月第一次印刷 印张：11 1/4
字数：230 000

定价：66.00 元
(如有印装质量问题，我社负责调换)

语素：汉语语法规则单位的重心（代序）

2000 年我给北京大学中文系本科四年级学生开"理论语言学"课，邱立坤是班上最喜欢提问题和争论问题的同学之一。他也是一位痴迷语言学的年轻人，每次和同学或老师谈起语言学，眼睛就开始发亮。那时候我们经常讨论句法结构关系、语类问题和句法的初始概念问题。我一直指导他的本科学位论文、硕士学位论文和博士学位论文，句法理论的基本问题一直伴随着我们。学习期间，立坤还选修了大量计算机课程，人和机器的关系，自然语言理解的概率模型和规则模型也是我们讨论的重点。这本书是立坤在博士论文基础上扩展而成的，要解决的问题是未登录词的语类标注，包括语法的和语义的。这项工作的意义先得从单位和规则说起。

按照结构语言学的理论，先要确定词，再确定词类。词是最小的自由形式，比如 "该校、该系、该所"等分别都是词。确定了词以后，再根据分布确定词类。"该校"这些词都分布在通常称为名词的环境中：

该校有问题，需要对该校进行调查

该系有问题，需要对该系进行调查

该所有问题，需要对该所进行调查

至于"该校、该系、该所"的构词语素"该、校、系、所"，尽管是最小的，但不自由，不是词，因此无法根据自由分布的理论对这些语素进行语法分类，也无法根据这些语素的分布信息来确定"该校、该系、该所"这些词的语类。概括地说，结构语言学确定"该校"的语类必须通过"该校"的分布。

但是，"该校、该系、该所"这些词的词类从内部构造看也有相当的规律，即在这样一种平行的条件下形成的很多组合，都具有名词的性质：

	左项语素的分布性质	右项语素的分布性质	语素组的分布性质
该校	?	?	N
该系	?	?	N
该所	?	?	N
该院	?	?	N
该厂	?	?	N

续表

	左项语素的分布性质	右项语素的分布性质	语素组的分布性质
该区	?	?	N
……	……	……	……

由于左项和右项都不自由，左项和右项的分布也不确定，但组合的语类则是确定的。在汉语中，通常所说的复合词与此类似，内部往往是有规则的，复合词的语类也往往可以通过规则推导出来，而不必依赖语境分布条件。事实上，"该 X"如此有规则，在很多人心目中甚至往往并不作为复合词看待，但两个成分都不自由，又不能当作词组。这是结构语言学分布理论蕴含的一种矛盾。

下面的实例通常是作为复合词看待的：

	左项语素的分布性质	右项语素的分布性质	语素组的分布性质
樟树	?	N	N
棕树	?	N	N
柞树	?	N	N
桦树	?	N	N
枞树	?	N	N
榆树	?	N	N
……	……	……	……

但都是有规则的组合，语类可推导。

汉语中大量复合词都是语素有规则的组合，这可以为徐通锵字本位理论提供一定的依据。字本位看到了语素字活动的规律性，起初希望把语法单位建立在字（语素字）上，但是，有些语素组是没有规则的组合，其语类无法预测。比较：

	左项语素的分布性质	右项语素的分布性质	语素组的分布性质
远视	A	?	N
近视	A	?	N/A
斜视	A	?	N/V
重视	A	?	V
轻视	A	?	V
弱视	A	?	N

可见，要把语法单位都建立在字或语素一种单位上是有困难的。徐通锵后来的字本位除了字，还有辞，辞相当于复合词，所以徐通锵后期的字本位已经承认双层单位论，只是字的地位更为重要。

双层语法单位应该是自然语言的基本属性。所不同的是，汉语中有大量黏着语素是规则活动的，词法和句法的推导规则有很大的相似性。这可能是汉语在类型上的一个重要特点。汉语中的规则语素比例比英语中的规则语素比例可能更高。英语中存在大量不规则语素，也就是存在大量不规则语素组。一个不规则语素组常常有一个且只有一个主重音，形成一个音系词（phonological word）。这个主重音先确定以后，词就可以确定，所以英语的词比较容易切分。与此不同，汉语缺少词重音或词形变化，确定词很困难。尽管双层语法单位是自然语言共有的，但从规则单位的类型看，重心可能不一样，汉语很可能是语素重心型的语言，而英语是词重心型的语言。字本位、语素本位，都属于语素重心论。而词本位则属于词重心论。

以上的分析最终会集中到一个瓶颈问题，到底汉语内部有规则的复合词比例有多高？有没有概率论意义上的显著性？如果我们只是举例分析，不会有明确的结论。邱立坤的这本书解决了这一难题。作者把计算机科学和语言学有机地结合起来，不仅用语言学理论来指导计算机算法的设计，而且通过计算机算法的实验结果反过来验证并丰富语言学的理论。作者通过实验数据证明：在自动判断汉语新词语类别时词语内部结构特征比上下文分布特征更有效。作者的大量统计、算法支持了汉语规则单位的语素重心论，这在语法单位的认识论上是一个相当大的突破。计算语言学如果只是停留在数据处理、语言识别和合成，而不能从认识论上对语言现象做出解释，不能算是真正的科学，只能算是技术应用。立坤的计算语言学研究超越了单纯的技术应用，很有科学研究的品位。

作者还在实际应用方面提出内外结合原则，即判断新词语类别时应同时使用内部结构特征和外部上下文特征。基于这一原则，设计了相应的算法，实验结果表明这些算法要明显优于单独使用内部特征或者外部特征的算法，为现代汉语未登录词的语类处理提供了极有价值的可操作手段。《计算机科学》期刊2010年第3期一篇综述文章认为该方法达到了"当前的最好水平"。在立坤的算法中，优先考虑内部特征的策略尤其值得关注和借鉴。譬如，分布词类观一般认为动词可以受"不"修饰，而名词不可以受"不"修饰。但是在"不边路进攻就无法取胜"这个句子中，"边路"语类的判定从分布语境入手难度很大，它虽然接在"不"后面，但却并不是受"不"修饰，因为它并没有与"不"产生直接联系。这里需要更复杂的直接成分分析。如果从内部特征去看，以"路"

结尾的词常常是名词，比如"财路、岔路、出路"等，以"边"开始的词也常常是名词，比如"边防、边关、边疆"等。因此，从内部结构去看就很容易得到正确的结果。

当然，立坤还有很多难点问题有待解决：哪些复合词的语类是不可预测的？汉语规则单位以语素为重心的特点，在语言类型学上处于什么样的地位？计算语言学在国内已经发展了许多年，但真正能同时具备计算机科学和语言学这两方面知识结构的学者很少。立坤属于这样的复合型人才，博士毕业后又跟计算语言学专家俞士汶教授做博士后，知识结构得到进一步提升。立坤已经主持了多项自然科学基金课题，在国际会议和刊物上发表了多篇有分量的论文。在计算语言学研究中，立坤常能超越纯技术而形成科学追问的眼光，我期待立坤在不远的将来有更大的突破。

陈保亚

2016 年 6 月于北街家园静山斋

序

  邱立坤 2010 年获北京大学文学博士学位后,即进入北京大学计算机科学与技术博士后流动站继续进行计算语言学研究。作为他在博士后期间的合作教师,2011 年底应北京大学中文系之约,我曾推荐他的博士论文《现代汉语未登录词词类和语义类标注研究》申报 2012 年度全国优秀博士学位论文,最终虽未能入选全国百优,但也获得了北京大学优秀博士论文荣誉。在毕业之后的这么多年中,邱立坤博士一直坚持科研实践,未曾懈怠对其博士论文的检验与推敲,并增补最新成果,终于锤炼成这部仍以原论文题目为书名的专著。约我作序,自当应允,尽管现在为专著写一篇有意义的序,对我来说,并不是一件轻松的事。

  当年乐意写推荐信,现在又应允作序,是基于我对他的研究以及本书内容有如下认识。

  第一,研究题目有意义。计算语言学的终极研究目标是让机器具有理解和运用人类语言的能力。为达到这个目标,需要让计算机逐步具备自动处理自然语言的能力。就书面汉语而言,一项最具基础性的工作就是将构成文本的汉字序列切分成词语的序列。这项看似简单的任务,中文信息处理学界已为此付出了 30 余年的智慧与辛劳,然而至今并未彻底解决。其中最难跨越的障碍之一就是未登录词的识别。未登录词指机器词典未收入的词,社会生活不断发展,未登录词也就不断出现。选择未登录词作为研究对象的意义是显见的,还表现了攻坚克难的勇气。

  第二,研究内容有难度。未登录词的自动识别已是一个难题,邱立坤博士还要给未登录词自动标注词类和语义类,当然是难上加难了。不过,未登录词的自动识别与未登录词的词类和语义类的自动标注并非互不相关,恰恰相反,判断未登录词的词类和语义类有助于提高未登录词识别的性能。

  第三,研究成果很丰硕。邱立坤博士深入考察未登录词的内部结构和外在关系,将获取的语言知识作为特征融入统计机器学习模型(如条件随机场)中,克服了统计机器学习模型通常只利用语言表层特征的缺点,提出新的改进模型,设计算法和程序,并采用真实的语言资源进行实验,还进一步探讨所提出的方法在机器词典版本升级中的应用。除博士论文的研究成果外,本书还吸收了应用分布式词表示方法进行汉语词语相似和关系相似计算的最新研究成果。

邱立坤博士在语言学、计算语言学领域接受了全面系统的训练，基础扎实，功底很好，是难得的文理兼修的高端复合型人才。从本科生到博士生，邱立坤一直在北京大学中文系语言学专业就读。本科毕业后保送研究生，师从陈保亚教授，旋即在陈保亚和王洪君两位老师的推荐下进入北京大学计算语言学研究所兼修自然语言处理技术，参加词语切分和词性标注语料库的建设。博士后出站后，他到鲁东大学任教，在完成教学任务的同时，仍坚持进行计算语言学研究，做到了教学与研究相互促进。

邱立坤博士既勤奋、务实，又勇于创新。博士后期间申请到国家自然科学基金青年项目"基于自消歧模式的语法知识自动获取技术研究"、博士后基金项目"现代汉语未登录词语法属性自动标注研究"，并负责与几家大型 IT 公司的横向合作项目。近几年来，在主持国家自然科学基金面上项目"句法语义分析与开放域信息抽取技术研究"等多个研究项目的同时，还分担北京大学计算语言学研究所承接的 863、973 项目的任务。他的团结、协作精神也常为北京大学计算语言学研究所的老师们所称道。

邱立坤博士论著颇丰，已在自然语言处理和人工智能领域著名国际会议上发表了多篇论文，成为本领域活跃的年轻学者。

面向自然语言理解这个目标，语言知识库构建这项工作的基础性、重要性毋庸置疑，但需要长期投入，坚持不懈，不少人视为畏途，望而却步。邱立坤博士却投身其中，乐此不疲。我为有这样年轻、这样优秀的志同道合者感到十分幸福。科学研究永远是长江后浪推前浪。我也为青年学者取得远远超越自己的成就而感到十分高兴。

"路漫漫其修远兮，吾将上下而求索。"这是我的座右铭，也以此与邱立坤博士共勉。

俞士汶

2016 年 6 月于北京褐石园

目　　录

表 目 录

图 目 录

第1章 绪 论

1.1 研究对象、背景、问题及应用价值

1.1.1 研究对象

本书以未登录词为研究对象。未登录词指词典未收录的词语，主要包括两大类：一类是普通新词语，如"网民、网吧、博客、甲流"等；一类是专有名词，如人名、地名、组织机构名等，第二类又称为命名实体。命名实体已成为自然语言处理中一个独立的研究对象，受到广泛关注，形成命名实体识别（named entity recognition）这一研究方向；命名实体所涉及的问题主要是识别，识别出来之后命名实体语法类和语义类的判断则相对简单。本书主要研究第一类未登录词。随着词典收词规则的变化，未登录词的外延差别也比较大。本书主要使用《北京大学现代汉语语法信息词典》（八万词版）和《同义词词林扩展版》作为基准词典。前者是语法词典，用作未登录词词类标注的基准词典；后者是语义词典，用作未登录词语义类标注的基准词典。

1.1.2 研究背景

关于未登录词词类和语义类的判断，一个角度是依据词语的内部成分来判断词语整体的词类和语义类。语言学本体研究对词语成分与词语整体的关系已有较多的研究。比如符淮青（1985）将词义同构成它的语素义之间的关系分成5个大类、9个小类；亢世勇（2004）发现仅有8.02%的词整体意义与成分意义没有任何关系；杨梅（2006）的统计则表明，39454个词中有90%以上的合成词为向心词。这些研究结果表明，无论是从语法角度还是从语义角度看，词语成分属性与词语整体属性都有着密切的关联。因此许多研究造词法和构词法的学者认为可以依据内部结构来猜测整体的属性（杨同用，2002；王洪君，2005）。上述研究分别以定性或定量的方法分析了现代汉语词语成分属性与词语整体属性之间的关系，这些研究都是从面向人的角度进行的。如果从面向计算机的角度来考虑上述问题，会碰到一些新的问题，其中最根本的一个是成分的歧义问

题。比如在"上边"和"上课"中"上"分别属于方位词和动词，要自动地从词语的成分属性判断词语的整体属性，首先需要对成分属性消歧。因此，相比于人的理解来说，让计算机理解未登录词难度要大得多。

另一个角度则认为可以从未登录词的用法来判断其词类。20 世纪 80 年代中国语言学研究的一个重要成果就是确定了词类判断的方法，即依据词语的分布来判断词类，包括与其他词语搭配的能力和充当特定句法成分的能力。换个角度说，这种方法就是依据一个词语的用法即上下文来判断其语法类别。从面向人的角度，语言学家总结了一系列依据分布判断词类的规则（郭锐，2002）。但是，将这些规则使用到计算机自动理解上时同样会遇到新的问题，主要是上下文结构歧义的问题。比如"咬死了猎人的狗"中，要判断"咬死"与"猎人"有没有直接搭配关系是一件很复杂的事情。至于从未登录词的用法来判断其语义类，语言学界讨论得就更少了。

关于汉语未登录词词类和语义类自动判断的研究主要是由美国学者和中国台湾学者进行的，中国大陆学者较少涉及。在判断未登录词词类时，内部特征（成分及成分的属性）和外部特征（上下文）以及两种特征的结合都有学者尝试过（Lu, 2005）。在判断未登录词语义类时，主要使用内部特征，外部特征有少量的尝试，但效果不佳（Lu, 2007）。

1.1.3　本书所要回答的问题及其难点

基于上述背景，本书在前人研究工作的基础上，构建了大规模的生语料库，分别使用基于内部特征和外部特征的方法以及两种特征相结合的方法来自动处理未登录词词类和语义类标注问题。所谓内部特征指未登录词的成分、成分的属性以及成分、成分属性的组合序列；所谓外部特征指未登录词在语料中的分布，通常用未登录词的上下文来表示。

本书尝试回答以下问题：

（1）从面向计算机的角度看，词的语法属性与内部特征关系更密切还是与外部特征关系更密切？

（2）从面向计算机的角度看，词的语义属性与内部特征关系更密切还是与外部特征关系更密切？

从应用的角度看，本书所要解决的主要问题是未登录词词类标注和语义类标注。以未登录词为对象的研究主要包括未登录词识别、词类标注和语义类标注。在中文信息处理研究中，未登录词识别研究得比较多，词类标注和语义类标注则研究得比较少，仅有的少量研究也主要是由北美和中国台湾的学者完成的，大陆学者罕有涉及。鉴于此，本书以汉语未登录词词类标注和语义类标注为主要研究内容,从内部特征与上下文用法两个角度入手来解决未登录词词类和语义类标注的问题。

未登录词词类标注的难点是含有歧义成分或歧义结构的词。比如"V+N"式的双字词,前一个字是动词类的,后一个字是名词类的,整个词可能是名词类的,也可能是动词类的,因此这是一个歧义结构,而且能产性非常强。如"灌水"是动词,而"灌渠"是名词。对于内部结构有歧义的词,单纯依据内部特征很难正确地判断出词类来。

未登录词语义类标注问题的难点如下所示:

(1)有一些词语是由完全类推而生成的,遵循一定的生成规则,但这些规则都有许多反例。比如在《同义词词林扩展版》[①]中"橙子、柑子、桔子、梨子、李子……"这一组词符合规则"C(X)=Bh07,则 C(X+子)=Bh07"[②],其中 Bh07 指"水果、果品、鲜果";这一规则有一个反例"瓜子","瓜"属于"水果、果品、鲜果"类,但"瓜子"却不属于此类。

(2)有一些词语是由创造性类推或者词汇化生成的,这些规则都会有核心成分,核心成分的语义类通常与词语整体的语义类一致,但是许多核心成分具有歧义,可能属于多个语义类,因此这一类词语的语义类标注就要面临核心成分歧义消解的难题。比如"头"在充当核心成分时,有"头目""物体的顶端或末梢""人身最上部或动物最前部长着口、鼻、眼等器官的部分"等义项,如"把头、工头""车头、船头""白头、牛头"这三组词中"头"分别属于这三个义项。因此,要根据内部特征来判断以"头"为核心成分的词语的语义类就是一个难度相当大的消歧工作。

(3)有一些词语属于缩略词、音译词、外来词或者是通过比喻、借代等方式产生的词语义项,内部成分与整体意义关系比较松散,这一类词语很难通过内部特征来判断其语义类。比如"八角"通常指一种调味香料,是由"八角茴香"缩略而来,在《同义词词林》中与"桂皮、茴香、芥末"同类,这些词在内部成分上没有任何共同之处。

1.1.4 应用价值

现有的语法词典(如《北京大学现代汉语语法信息词典》)和语义词典(如《同义词词林》《HowNet》)基本上是人工构建而成的,较少使用大规模语料库和自动计算的方式来辅助构建。当词典达到一定规模(如七八万词)时,要对词典进行扩充或者要进一步发现词典中存在的问题,单纯依靠人工是很难实现

---

① 参见 http://ir.hit.edu.cn/demo/ltp/,下文简称为《词林》。

② C(X)指词语 X 的语义类,下文同。

的。因此，从词典构建和词典维护两个角度来说，使用大规模语料库和自动计算的方式进行计算机辅助的词典编纂都是有必要且切实可行的。

1.2 研究原则、方法与技术路线

1.2.1 语类推导的内外结合原则

在进行未登录词词类和语义类推导时，本书遵循内外结合原则，即内部特征与外部特征相结合。详见 2.3.3 节。

1.2.2 方法与技术路线

本书以统计机器学习方法为主，规则为辅，并以语言学规律为基础，用语言学规律来指导统计机器学习方法的使用，从统计机器学习方法的使用中发现语言学规律，语言学规律与统计机器学习相辅相成。

计算语言学研究方法可以分为两大类：一类是基于理性主义的研究方法，从 20 世纪 60 年代到 80 年代中期主宰了计算语言学的研究，具体表现为通过人工总结的规则和知识库来创建自然语言处理系统。另一类是基于经验主义的研究方法，在 20 世纪 50 年代风行一时，中间一度衰落，在 80 年代中期后重新受到重视，具体表现为使用语料库和统计方法来创建自然语言处理系统（翁富良和王野翔，1998）。

20 世纪 80 年代中期以来，基于经验主义的统计自然语言处理发展迅速，在文字识别、语音合成等领域达到了实用化的水平，在机器翻译上也取得重大突破。面对统计自然语言处理的辉煌成绩，理性主义研究方法受到轻视甚至贬低。比如，1988 年 IBM 公司研究语音识别与合成的学者 Fred Jelinek 说："每当我解雇一个语言学家，语音识别系统的性能就会改善一些"。又如，在统计机器翻译方面取得重大突破的德国学者奥赫认为："在统计机器翻译中，语料库的规模起着举足轻重的作用，而词法、句法和语义等语言知识对于机器翻译系统的性能几乎没有什么帮助，甚至有些语言知识还会起副作用"（冯志伟，2008）。

这种局面使我们感到困惑，因而不得不反思：语言学究竟能否为中文信息处理提供帮助？答案显然是肯定的。通过分析最近十年来统计自然语言处理获得的成就，就会发现统计自然语言处理的这些成就与语言学在自然语言处理中的应用价值并不矛盾。

统计自然语言处理取得较大成功的领域主要是字符识别、语音识别与合成和机器翻译。字符识别属于较低层次的研究，不需要太多的语言学知识就可以得到较高的识别率，就好像一个人不需要理解句子就能识别一个个的汉字一样。语音识别与合成也是如此，正确地识别与合成语音并不等于理解语音所表示的内容，这个过程也不需要太多的语言学知识。机器翻译则是一个比较特殊的领域，如果不能熟练地运用两种语言，显然就不可能完成两种语言之间的翻译；但是大规模双语对齐语料的存在却比较好地解决了这个问题，根据大规模双语对齐语料库，计算机可以在一定程度上学习到两种语言之间互相翻译的能力。可以认为，大规模双语对齐语料库是运用语言翻译能力的结果，统计机器翻译正好从中学习到了这种能力，自然就可以进行机器翻译的工作了。统计机器翻译通过学习一般语言使用者的语言就可以获得一定程度的语言能力及翻译能力，但是这种能力离理解还有着比较大的距离。

比较之下，在汉语自动分词、词类标注、句法分析和语义角色标注领域，语言学都是不可或缺的，离开了语言学家标注的语料库，统计机器学习也就无用武之地。但语言学对中文信息处理的帮助显然不应该仅仅局限于提供标注语料库。

统计机器学习方法的优势在于投入少、见效快，只需要标注一批语料，使用统计机器学习方法就可以快速地获得一个自动处理模型。因此近十年来多数自然语言处理研究者集中精力于将统计机器学习方法应用于新的应用领域中，由于成果可观，自然就不用考虑背后的语言学规律。这显然只是一个暂时的表象，我们注意到已经有许多优秀的自然语言处理研究者开始呼唤将语言学与统计机器学习更深入地结合（冯志伟，2008）。

本书正是将语言学规律与统计机器学习进行深入结合的一种尝试，将语言学与信息处理的结合分为以下四种。

（1）使用语言学的理论、知识以及语言学工作者的智慧构建语料库、词典，为计算机提供学习知识的来源，其结果形式是语料库、词典等电子知识库，如《WordNet》《HowNet》和北京大学《人民日报》标注语料库。

（2）语言学工作者依据一定的理论和知识为特定的自然语言处理应用制定具体的规则，其结果形式是规则库。比如詹卫东（1999）制定的 89 条规则和含 600 余条规则的北京大学计算语言学研究所现代短语结构规则库（俞士汶，2003）。

（3）语言学工作者参与实际的自然语言处理应用的研究，发现并揭示出实际应用背后隐藏的规律，指导算法的设计乃至据之提出新的算法，其结果形式是新算法；或者语言学工作者对算法进行解释，指出其背后隐藏的规律，其结果形式是对算法进行升华后所得的规律。

（4）语言学工作者提出新的语言理论，对自然语言处理产生质的根本上的影响。

本书的工作主要属于第三种。一方面，依据语言学家所提出的理论、规律和知识来提出新的算法；另一方面，尝试揭示算法背后的语言学规律。

1.3 本书的组织结构

本书正文组织结构如下。

第 1 章是绪论，介绍本书的研究对象、背景、问题及应用价值，明确了研究原则、方法与技术路线。

第 2 章讨论本书工作的方法论基础。叙述前人与未登录词词类标注和语义类标注有关的语言学本体研究与计算研究，提出语类推导应遵循内外结合原则。

第 3 章介绍本书中使用到的语言资源与统计机器方法。

第 4 章叙述现代汉语双字词内部结构词典构建的方法和流程。

第 5 章提出一种用于自动预测未登录词词类的方法。该方法包含两个模型。第一个模型基于词语内部特征使用机器学习的方法来预测未登录词的词类。之后对第一个模型预测的结果进行可信度的计算。对于可信度低的词将使用另一个基于全局上下文信息的模型进行修正。实验表明第一个模型对于测试集中的所有未登录词可达到 93.40% 的正确率，对双字词则可达到 86.60% 的正确率。相对于前人整体 89%、双字词 74% 的最好正确率有较大提高。使用第二个模型修正之后，整体上正确率提高了 0.80%，双字词提高了 1.30%。

第 6 章基于内部特征提出一种用于自动标注未登录词语义类的方法（模型1）。通过将组合性原理从句子和短语扩展到词语，即假设汉语的词语也是符合组合性原理的，提出一种面向汉语新词的细粒度词义猜测方法。这一方法包含三个模型。其中两个模型分别计算成分语义类与整体语义类之间的关联、成分（自身）与整体语义类之间的关联关系，另一个模型则将语义类标注视为一个序列标注过程。这三个模型按照一定的顺序融合成一个整体，形成最后的语义类标注模型。

第 7 章结合内部特征与外部特征提出一种用于自动标注未登录词语义类的方法（模型 2）。此模型同时利用外部特征和内部特征来计算词语的语义相似度，包括三步：第一步，基于词语结构信息产生一个候选同类词集合；第二步，基于外部特征计算未登录词与候选同类词的相似度；第三步，基于内部特征对第二步所得的相似度进行加权。最后，使用 KNN 方法为未登录词标注一个合适的语义类。实验结果表明这一模型在性能上比前人最好的方法有较大幅度的提高，从而证明了这一方法的有效性。这一结果同时表明外部特征在计算汉语未登录词相似度时同样是有用的（前人实验表明"分布信息与内部特征结合没有能够取得好于单独使用内部特征的结果"）。

第 8 章叙述了模型 1 和模型 2 的两个应用示例：词典修正和词典扩充。实验结果表明，本书所提出的词典修正算法能够发现现有词典中存在的义项缺失和义项不当现象，词典扩充算法在给出五个候选类时也能得到 90%左右的正确率。这两个应用均可以在一定程度上减轻词典维护过程中的人力劳动并且可以提高词典的质量。

第 9 章主要是基于外部特征来进行词语相似和关系相似计算。使用 Skip-Gram 模型训练分布式词语表示和依存表示，来解决汉语关系相似计算任务，包括类比识别和类比挖掘。在汉语类比识别方面，比较了基于窗口上下文和基于依存上下文的 embedding，发现前者的表现通常会优于后者；还观察到汉语中的语义关系一般会体现为相应的句法依存结构。基于此，使用基于依存上下文的词语 embedding 改进类比识别方法。进一步，提出一种自举方法进行汉语类比挖掘工作，该算法中使用了对句法依存三元组的分布式表示。

最后是结语，分析内部特征、外部特征各自的局限性和内外结合原则的有效性，并总结本书的工作。

第2章 方 法 论

与现代汉语未登录词词类和语义类标注相关的研究可以分为两个方面：语言本体方面和计算方面。语言本体方面的研究成果较多，本书择要介绍与自动标注有一定关联或者至少对后者有一定启发作用的相关研究。计算方面的研究相对较少，有些角度的研究甚至刚刚起步，将予以尽可能全面的介绍。

2.1 语言本体方面的相关研究

词类问题是语法研究中的一个核心问题和基础问题，在汉语语法研究中受到了广泛的重视。从 1998 年的《马氏文通》开始，关于汉语词类问题的研究层出不穷，研究者提出了许多种划分词类的理论和方法。与词类问题相比较，人类对词义问题的研究历史更为悠久，但在现代语言学和当代语言学中词义问题受重视程度却不如词类问题。相较于词类问题的研究，目前学界对于词义的认识分歧要更大一些。

认识词语的词类和语义，一个不可忽视的维度是分析词语的内部结构与词语的词类和语义之间的关系。词语（主要是复合词）结构在语言本体研究中争议较大，存在着两种相对立的观点：一种认为复合词的结构与短语的句法结构基本一致，以陆志韦（1964）、朱德熙（1982；1983）、邵敬敏等（2001）为代表；另一种观点认为词内完全没有句法结构，但有语义结构，以刘叔新（1990a；1990b）、黎良军（1995）、徐通锵（1997）为代表。这两种观点本质上并不矛盾，其区别在于着眼点不同。前一种观点侧重于考察词语内部的语法结构，后一种观点侧重于考察词语内部的语义结构。两者是互为补充、相辅相成的关系。正如短语和句子都同时具有语法结构和语义结构一样，复合词也具有其自身的语法结构和语义结构。

2.1.1 从面向人的角度看词类和语义类的判断

1. 词类判断问题

自朱德熙（1982）以来，依据语法功能（分布）标准划分词类的思想已经成为普遍的共识。虽然依据分布划分词类会遇到一定的困难，但分布标准显然优于形态、意义、位置等标准。在这个前提下，各家学者对于词类问题提出许多新见解，但在具体操作上都是依据分布标准[①]。彻底贯彻分布标准会遇到一个问题：属于同一词类的词语在语法功能上差别可能会非常大，比如有些形容词可以充当谓语，有些形容词却不能充当谓语。对于这个难题，郭锐（2002）通过计算语法功能之间的相容度来揭示语法功能同词类之间的关系。袁毓林等"根据每类词的典型成员的语法表现来选定一组分布特征，按照这些分布特征对于相关词类的重要性、根据经验给其中的每个特征设定权值；再用每类词的非典型成员的语法表现作校验，做成一套可用于对汉语有关的词进行词类模糊划分和隶属度计算的量表"（袁毓林，2005a；袁毓林，2005b；袁毓林等，2009）。徐艳华（2006）严格按照语法功能进行了词类划分的尝试。该文考察了名词、动词、形容词和副词中 3514 个高频词的语法功能（主要是 9 种句法结构的 14 种句法成分），并对这些常用词进行了分类。她按照词的语法功能来划分词类，"句法功能完全相同即为一类"，能分出多少类就分出多少类，最终得到 676 类词。其中，一词一类的有 364 类，两词一类的有 107 类，两词以上同类的有 205 类。该文还进行了一些实验，初步证明这种细粒度的词类划分在一定程度上可以消解一些结构歧义。

虽然各个学者提出了一些不同的词类划分标准，但其共同之处是：①在实际操作中以分布为划类标准；②所提出的划类手段都是面向人的。比如徐艳华（2006）依据 14 种句法成分来划分词类，但是计算机要自动地判断一个词是否能够充当某种句法成分是一件高难度的工作，不太可能指望计算机自动地依据这一套标准对词语进行分类。

也有学者提出依据词语的构成来判断词类。杨同用（2002）则指出，"如果我们再深入研究，分析并归纳各种类序所构成合成词的语法类别，尤其是找出它们所构成的劣势词的出现条件，主要是它们的语法语义情况并进行形式分析，这对大规模真实文本尤其是未登录词的词类分析也会大有裨益。"

在以人工方式进行词类判断（如大规模语料库加工）时，绝大多数是以分布为标准的，但是由于内省方式的局限性，实际操作中也可能无意识地受到词语构成的影响，在处理一些新词时尤其容易出现这种情况。比如"助困"这个词，一般不受"不"或"没有"修饰，充当谓语的场景受限，更多地充当定语，但是由于其结构是一个典型的述宾式结构，因此一般倾向于将其判断为动词。

2. 语义类判断问题

语义类判断问题要比词类判断问题复杂得多，到目前为止，还没有人提出

[①] 严格地说，对于"分布"各家的理解也不一样，因此，也没有客观统一的分布，本书主要依据朱德熙先生的定义。

形式化的可操作的语义类判断标准。这在很大程度上是因为词义通常包含多个维度，语义类应该是其中最根本最重要的一个维度，但是对于许多词来说，很难判断哪一个维度是最重要的维度。比如"车轴"这个词，很难判断它是与"轮轴、滚轴"更接近，还是与"车身、车胎、车头"更接近。换言之，语义关系本身应该是网状的，而不是树状的，所以要强行地构建一个树状的语义类体系自然会面临许多困难。

虽然树状的语义类体系存在许多的问题，但是与网状的语义体系相比，树状语义体系使用起来更方便，因此具有较大的现实意义与使用价值，值得进一步研究。

2.1.2 语法构词研究

语法构词方面的研究主要集中于对词语内部语法结构类型的探讨，许多这方面的研究都对现代汉语词语尤其是双字词进行了大规模的描写和分类，在此基础上得出了相应的词语结构类型。文献（陆志韦，1964；周荐，1991；苑春法和黄昌宁，1998；杨梅，2006）都属于这种类型的研究。

陆志韦（1964）的初衷在于判断哪些结构是词，为了这一目的提出了扩展法，并最大限度地将之贯彻到对数万条词语的描写过程之中。他们用这种方法不仅得到了词，还归纳出了词的结构类型，这是他们对词的认识的一种自然结果。他们归纳出汉语构词法的九种基本类型：多音的根词、并立、重叠、向心（修饰）、后补、动宾、主谓、前置成分、后置成分。

周荐（1991）对《现代汉语词典》所收的 56000 余个条目中的 32346 个双音节复合词词素间的结构关系作了分析，为避免问题的复杂化，作者撇开词素义与词义之间的关系，只就复合词词素间各种各样的结构关系进行讨论，最终把复合词内部的关系分为 10 个大类：定中格、状中格、支配格、递续格、支配格、补充格、陈述格、重叠格、并列格、其他。该文在对《现代汉语词典》中全部双音复合词进行分析的基础上做定性分析，因而能全面地揭示出双音复合词两词素间的各种意义结构关系。

苑春法和黄昌宁（1998）基于大规模数据库统计了汉语名词、动词和形容词三类词语的结构关系类型。该文中所用的汉语语素数据库是清华大学在国家自然科学基金支持下建立的一个大规模数据库，对覆盖 6763 个汉字的汉语语素及其所构成的二字词、三字词及四字词进行了穷举描述。在汉语语素数据库中，由语素构成的二字词共计有 43097 个，其中名词有 22016 个，占 51.1%；动词有 15666 个，占 36.4%；形容词有 3276 个，占 7.6%；三类词合起来占二字词的 95%。通过统计发现，名词、动词、形容词三类词的主要构成方式如下：

①名词的构词方式以体素联合和定中偏正为主，其中定中偏正占 80.6%，体素联合占 9.3%，二者约共占名词二字词总量的 90%；②动词以述宾、谓素联合和状中偏正三种构词方式为主，它们各占 39.7%、27.0%、23.3%，共占动词二字词总量的 90%；③形容词以谓素联合为主，占形容词二字词总量的 62.5%。

杨梅（2006）探讨汉语合成词的构词模式对合成词语法属性的影响及相关问题，认为合成词的构词方式与词类没有必然的关系，仅是一种倾向性。该文认为合成词中核心成分的语法属性会同化整个合成词，从而决定了合成词的词类。统计表明，39454 个词中有 90% 以上的合成词都符合核心属性同化规则。只有不到 10% 的合成词不符合核心属性同化规则，文章用核心属性异化来解释这种现象，即合成词核心成分的语法属性在同化合成词时发生变化，使合成词整体的词类与核心成分的素性并不相同。文章称符合核心属性同化规则的合成词为向心词，称发生核心属性异化的合成词为离心词。随着词语使用频率的不同，合成词的内部构造对合成词词类的影响程度不一样，使用频率越高的词汇其核心属性同化率越低，使用频率越低的词汇其核心属性同化率越高。

在此基础上，也有一些学者进一步探讨词内成分是否具有语法类以及如何进行判定的问题。尹斌庸（1984）认为，词素不是词，但明显地具备词类。因为一部分词素能够单独构词，这时它是有词类的，而不能独立运用的词素在古汉语中又是自由的，当然它在古汉语中有词类，再加上汉语的构词方式与造句方式又基本一致，这些都易于判断词素的语法性质。也就是说对词素的分析可以套用词类的术语。Packard（2000）提出使用中心原则（headness principle），董秀芳（2004）认为可以参考一个语素在历史上的使用情况来判断这个语素在现代汉语中的语法类别，王洪君（2005）则提出"只要有相当数量的单字不兼类，且是否兼类能够用义场来控制，以单字类控两字组的类、以不兼类字控制兼类字就有可行性……今后的任务应是进一步扩大考察范围，以弄清汉语到底哪些义场的字不兼类，哪些义场的字兼类，兼类的规律是什么。"这些论述对于认识汉语词语成分与词语整体之间的关系以及指导未登录词词类标注都具有一定的意义。

2.1.3 语义构词研究

相比于语法构词研究而言，语义构词研究起步要晚一些，但成果也颇为可观。从词语成分属性与词语整体属性之间关系的角度，语义构词研究涉及汉语词语的语义构词模式（高度抽象）、复合词的词义与语素义关系（分类及具体描写）和平行周遍原则（涉及词义的生成与理解）。另外还有研究对词语内部词素义之间的关系及深层语义结构进行了探讨。

1. 语义构词模式

叶文曦（1996）用"1个字义=1个义类×1个语义特征"的公式来分析汉语字义的结构。徐通锵（1997）认为汉语字义结构原则可以用语义范畴形式化表示为"1个字义=1个义类×1个义象"，并且定义了向心构辞法与离心构辞法。向心构辞法就是核心字居后、前字描述核心字的语义特征而构成字组，用这种方法构成的就是向心辞。离心构辞法的形式特点是核心字居前，后字衬托前字的语义功能。"如果说，向心辞的'心'是看核心字作为一个'类'能接受哪些'象'的描述，借以显示它本身可能具有的语义特征，那么离心辞的'心'就是看核心辞作为一种'象'能与哪些'类'发生语义上的联系"（徐通锵，1997）。

董秀芳（2004）讨论了复合词的强势结构类型与主要语义模式，认为汉语名词类复合词的强势结构类型是名名复合，主要语义模式是"提示特征+事物类"；动词类复合词的强势结构类型是动动复合，强势语义模式是"方式或途径+动作或结果"。

颜红菊（2007）以现代汉语双音节复合词为研究对象，研究复合词的语义结构。基本思路是从语素义和语素义之间的关系、语素义和词义之间的关系两个层面上探讨复合词的语义结构，并力图对复合词的语法结构作出语义上的解释。理论上，主要运用语义成分分析法、向心结构理论、独立性象似动因等理论作为立论依据，运用语义成分分析理论和向心结构理论，分析复合词语义结构。基本结论是，复合词的语素义是经过提取的符号化的语义成分，复合词语素义的提取遵守向心性原则，复合词语义结构的基本框架是：一个特征语素义+一个义类语素义→一个词义。这一结论与文献（叶文曦，1996；徐通锵，1997）是一致的。

2. 复合词的词义与语素义关系研究

符淮青（1981）较早地分析了词义和构成词的语素义的关系，认为词义和词素义之间的关系是多种多样的，其中存在一定的规律性，分析词素义对确定词义有相当的作用。符淮青（1985）提出研究词义同构成它的语素义关系的一个重要作用是，能帮助我们通过恰当说明语素义来正确解释词义，并将词义同构成它的语素义之间的关系分成以下五种类型：①语素义直接地完全地表示词义；②语素义直接地但部分地表示词义；③语素义和词义间接联系，词义是语素义的引申比喻义；④部分语素的意义脱落；⑤构成词的所有语素的意义均已失落，语素的现有意义同词义没有直接联系。

宋春阳（2005）以内涵逻辑理论为指导，吸取训诂学精华，通过提取词的抽象类义来把握名词的语义结构，以达到使汉语语义分析和解释形式化的目的。

通过具体分析有代表性的"关""木""刀""车""手""书"等单音节词的语义结构，初步建立了含处所义、材料义、部分义、人造物义以及符号义等词的语义结构模式，并以此来分别解释说明这些名词跟其他名词的语义组合结构、句法搭配以及所受语义限制。作者还提出基于叠置原理①对词语进行区分，符合叠置原理的不宜放入词表，而应由相应的规则来控制。在判断新词的词义时，主要依据词语的内部特征，包括成分的语义属性、上位类及成分间的句法关系和语义关系，但仅限于理论上的设想，未有具体的算法实现。

3. 平行周遍原则

陈保亚（1999）提出用平行周遍原则来区分词和短语，之后又在文献（陈保亚，2005）和文献（陈保亚，2006）中对此理论作了进一步的发展，认为所谓的"平行"不仅仅是分布的平行，还可以是语义甚至语音层面的平行，只要可以找到相应的规则。即可更进一步，将"平行不周遍"和"既平行又周遍"两类现象与理解规则和生成规则的区分对应起来，认为前者与理解规则对应，后者与生成规则对应。

陈保亚（2006）把语素组分成三种类型：

（1）不规则语素组：如"老板、老手、老实"。这类语素组既不平行，也不周遍，语素组的意义不能从成分和组合关系上得到解释。

（2）解释性规则语素组：如"老虎、老鹰、老鼠"等。这类语素组平行但不周遍，其意义可以从成分和组合方式上得到解释，但不能根据这种组合方式无限制地生成新的平行语素组，不可以说"老兔、老鸭"。

（3）生成性规则语素组：如"老李、老张、老刘"以及"老来、老去、老睡"等。这类语素组既平行又周遍，其意义不仅可以从成分和组合方式上得到解释，还可以根据这种组合方式无限制地生成新的平行语素组。

平行周遍原则中的平行性包括以下三个方面（陈保亚，2009）：

（1）被替换的部分具有平行特征。

（2）在被替换部分保持平行特征的前提下，组合关系平行。

（3）整个组合在分布上平行。

4. 基于述谓结构分析的语义构词研究

朱彦（2004）认为复合词构词的语义过程为：①确定两个词素所能概括的最大义域；②用基本框架确定构词模式或者先组合成复杂框架，再用复杂框架确定其构词模式；③进行框架压模，包括框架成分的凸显和排序两个过程；④构造好的复合词输出过程。简单地说，该文认为大多数复合词都可以分析成述谓结构，如"白领"可分析成"领是白的"。其最核心的观点是：复合词的

---

① 即弗雷格原理（组合性原理）：结构意义等于组成成分意义的函项（宋春阳，2005）。

语义结构本质上是一种认知场景，可归结为一定的认知框架。复合词是框架的成分在语言表层的映射。

朱彦（2004）所作的是狭义的构词法研究，重心在于词素义之间的结构关系，而且涉及词义的深层结构，但不涉及词素义和词义的关系以及词素作为造词材料的种种符号属性，因而不能应用于从词素义预测词义的计算过程中。

2.2　计算方面的相关研究

2.2.1　从面向计算机的角度看词类和语义类的判断

从计算的角度来看复合词的理解问题，所面临的困难与从人的角度来看有着较大的不同。第一个区别在于，人所使用的判断标准很难形式化，计算机常常无法使用。例如，对于词类判断，人可以通过内省的方式对一个词在各种环境下能否使用进行判断，包括与各种鉴定字搭配的能力以及充当各种句法成分的能力。在人的貌似简单的判断过程中经常蕴涵着非常复杂的句法分析操作。例如，判断一个词能否受"不"修饰，不仅仅是看这个词能否出现在"不"的后面，还要看这个词是否直接与"不"产生联系。像"不边路进攻就无法取胜"中的"边路"就是一个反面例子，它虽然接在"不"后面，但却并不是受"不"修饰，因为它并没有与"不"产生直接联系。判断两个词是否前后衔接是一个简单的匹配问题，而判断一个词是否与另一个词产生直接联系就是一个复杂的句法分析问题了，它是一个比词类判断更难的问题，显然无法在判断词类的过程中引入这样高度复杂的分析过程。

第二个区别是语料库方法与内省方法的区别。计算机必须从语料库中获取词语的用法，所能获得的语料是有限的；一个词语可能会具有多种语法功能，但各种语法功能的分布是不同的，其中一些语法功能出现频率高、占有统治地位，而另外有一些语法功能虽然理论上是存在的，但在实际中很少出现。语言学家在内省时很少对优势功能和劣势功能进行区分。这是基于语料库的方法和基于内省的方法的一个巨大区别。比如"助困"这个词，在实际语料中很少做谓语，经常做定语。

2.2.2　未登录词词类标注

根据在词类预测中所使用的特征，可以将前人的相关研究分为三类。

（1）主要使用外部特征，包括局部外部特征（只考虑当前的句子）和全局外部特征（考虑一个词语所出现的所有句子）。例如，Nakagawa 和 Matsumoto

（2006）同时使用了局部外部特征和全局外部特征。该文提出一种用于未登录词词类预测的概率模型，这一模型考虑同一个未登录词在文本中的所有实例，并且使用 GibbsSampling 来进行参数预测。该文还尝试将这一模型应用于半监督学习之中，在多个语言的语料库上进行了实验。其在汉语语料库中最高的正确率为 67.85%。

（2）主要使用内部特征，例如，Chen 等（1997）考察所有的名词、动词和形容词未登录词，其正确率为 69.13%。该文主要通过前缀（前）和后缀（后字）来判断未登录词的词类。这种方法对于处理"现代化"之类的附加式合成词是比较有效的，但是在遇到"保值"之类的合成式复合词时表现则比较差。Wu 和 Jiang（2000）则以基于字的联合概率的方式来预测未登录词的词类。他们对每一个字都计算一个概率值 P（Cat，Pos，Len），其中 Cat 指包含该字的词的词类，Pos 指该字在包含它的词中的位置，Len 指包含该字的词的长度。然后计算组成每个词的所有字属于各词类的联合概率，并将这些概率作为对应词属于各词类的概率。这一方法被用于预测二字到四字的名词、动词和形容词类未登录词的词类预测。该方法在处理多字词时召回率比较低。

（3）试图将内部特征和外部特征结合起来，例如，Lu（2005）用包含一个基于规则的模型和两个统计模型的混合模型来进行汉语未登录词词类判断。其中，基于规则的模型包括 35 条手工构建的规则，这些规则涉及词语构成成分的词类、词语的长度等特征；两个统计模型则分别使用上下文信息和内部特征来进行词类预测。其中使用内部特征的统计模型正是 Wu 和 Jiang（2000）的模型。这一混合模型取得了 89.00% 的正确率，相对于前人 69% 的最好正确率有较大的提高。Goh 等（2006）则使用最大熵模型来整合外部特征和内部特征进行汉语未登录词词类的预测。由于这一篇文章将未登录词词类预测作为词类标注的一个组成部分，因而它所使用的许多特征与传统的词类标注是比较类似的。就上下文信息而言，两篇文章（Lu，2005；Goh et al.，2006）都只使用了局部上下文信息，而没有包含全局上下文信息；就内部特征而言，Lu（2005）虽然使用了成分语法类这一类特征，但只是在基于规则的模型中使用，其混合模型中的两个统计模型没有使用词语成分语法类特征，Goh 等（2006）同样没有使用这一类特征。就训练语料而言，两者都是使用标注语料库而非词典进行训练。

2.2.3　未登录词语义类标注

以《WordNet》为代表的语义词典资源已经对自然语言处理研究产生了持续而深远的影响。在一系列自然语言处理领域的研究中，这些资源得到了广泛而有效的使用，从指代消解（Ponzetto and Strube，2006）到基于类的平滑（Clark and Weir，2002），从观点挖掘（Andreevskaia and Bergler，2006； Esuli and Sebastiani，2007）到文本包含（Herrera et al.，2006）。由于语言随着社会的发展和时间的变迁而发展变化，电子词典资源要适应需要就必须不断地追踪语言的变化。但是，资源构建是一件费时费力的工作，纯粹地依靠人工来跟踪发现这些变化是一件不可能完成的事情，因此电子词典资源在今天的成功面临着覆盖范围日益狭窄的难题，随着时间的推移和语言的发展变化，这一问题将日益突出，大量未登录词的出现将使现有的电子词典资源的适用性越来越差。Ciaramita 和 Johnson（2003）的研究发现在 BLLIP 语料库中，每 8 个句子就会出现一个在《WordNet》1.6 版中所未曾收录的普通名词（命名实体不计算在内）。为了解决电子词典资源覆盖范围日益狭窄的难题，有必要研究以全自动、半自动或人机互动的方式来扩充电子词典资源。目前比较现实的目标是使用计算机将未登录词自动地归入若干类中，然后由人完成进一步的分析工作。

英语中的相关工作主要集中在《WordNet》的自动扩充上。由于《WordNet》将所有名词分为 26 个大类，因此相关的语义类标注工作的目标集合就是这 26 个大类。Ciaramita 和 Johnson（2003）将这 26 个大类定义为 Super-sense，将以这 26 个类为目标的标注工作称为 Super-sense Tagging。

汉语中也存在类似的任务和相应的研究，学者称之为语义分类（Chen and Chen，2000；Lu，2007）或者语义猜测（Lu，2008b）。汉语中的研究将《词林》作为《WordNet》的替代物，相关的实验都是在《词林》上进行的。《词林》收录了 70000 余词，其语义类分类体系包含五个层级，第一层有 12 个类，第二层有 94 个类，第三层有 1428 个类。下文将以未登录词语义类标注（super-sense tagging of unknown word）来指称这一任务。

与语义类标注密切相关的一个研究方向是词义消歧（word sense disambiguation，WSD）。词义消歧是对词典中已收录的多义词进行歧义消解，未登录词语义类标注则是对词典中未登录的词语进行词义标注。一般认为，词义消歧是依据上下文语境从词典中已定义的多个义项中挑选出一个合适的义项（Yarowsky，1992），未登录词语义类标注则是从整个语义类集合中为某个未登录词确定一个合适的语义类。

具体来说，前人在汉语未登录词语义类标注方面的研究主要使用内部特征。有少量研究使用了外部特征，但效果远不如内部特征。

Chen K 和 Chen C（2000）提出了基于原型的模型。对于两个具有相同核心字的词语，该模型计算两个词语修饰成分的相似度作为两个词语的语义相似度。他们在一个包含 200 个名词的集合上进行测试，所报告的精度达到了 81%。

这一测试集规模太小，具有一定的偶然性，无法与他人的结果直接进行比较。

除了使用形态分析，Tseng（2003）尝试识别构成词语的成分之间的形态句法关系。在为未登录词寻找一个最相似的词语时，该方法首先将形态句法关系不同的词语过滤掉。这一方面的问题在于形态句法分类本身的难度尚在语义类猜测之上，因此不可避免地在一开始就产生许多错误，从而导致最终结果过低。这篇文章进行语义类猜测的目标集合仅包含《词林》中最上层的12 个大类。此粒度过粗，实用性不足，其所报告的精度与 Lu（2007）相比，也相差甚远。

Chen（2004）提出一种方法来查找与一个测试词语关联度最大的词语。该文在双音节 V-V 动词的实验上报告了 61.6%的精度，这一实验将测试词也放在了训练数据中。Lu（2007）进行了同样的实验，其精度远高于 Chen（2004）。

文献（Lu，2007）是目前汉语未登录词语义类判断领域最有代表性的工作。其未登录词语义类判断的方法与其词类判断的方法（Lu，2005）比较类似，包括一个基于字类关联的统计模型和一个基于规则的模型。其中，基于字类关联的模型主要考虑出现于不同位置上的字与不同语义之间的关联强度，通过不同的算法来进行加权，最终得到一个较好的语义类判断模型。基于规则的模型用于处理在词典中可以找到结构类似词语的未登录词，这些规则虽然只能处理少量的未登录词，但其正确率较高。两者结合可以得到较好的效果（《词林》第三级类上 F 值为 61.6%，第二级类上为 69.9%）。

Lu（2007）还提出一个结合外部特征与内部特征的方法，该方法首先由上述两个基于内部特征的模型为未登录词计算出若干个候选类，之后通过计算词语上下文的相似度来衡量词语之间的相似度，进而实现对新词语的语义归类。这一方法是在前面所述基于内部特征方法的基础上发展而来的，但是文中报告的实验结果表明这一混合方法相比于单纯使用内部特征的方法精度大大降低，最高仅有 37%。因此，将上下文特征与内部特征结合起来进行汉语未登录词语义类标注尚未取得令人满意的结果。

在英语未登录词语义类标注中，上下文信息发挥了最主要的作用，但是这一类信息在汉语中则使用较少。Chen 和 Lin（2000）是仅有的单独使用外部特征进行汉语未登录词语义类标注的工作，该文使用了一个基于语料库的模型以及一部英汉词典，该文最终报告的精度为 34.4%。该方法的一个缺点是对词典有一定的依赖性，仅能处理英汉词典中已收录的词。

Widdows（2003）使用向量空间模型将英语未登录词语插入到《WordNet》中。首先，基于隐含语义分析（latent semantic analysis）来计算未登录词与词典中的词语之间的向量空间相似度，据此为未登录词找到若干同义词。接下来，在《WordNet》的分类框架中为未登录词寻找一个最合适的位置。Ciaramita 和 Johnson（2003）则基于多类感知机分类器实现了一个语义类标注器。这个标注器以在词义消歧中经常使用的搭配、拼写和句法特征作为特征，还加入了命名实体识别模块。他们的创新之处在于使用《WordNet》中的注释作为训练数据。Pekar 和 Staab（2003）提出了一个分类方法，在使用上下文信息的同时，考虑了目标类与其他候选类之间的语义关联度，该文的实验内容为将名词分到 137 个《WordNet》类中去，最终取得了 35.1%的精度。

文献（Curran，2005）是英语未登录词语义类标注方面最有代表性的工作，该文描述了一个基于向量空间相似度的无监督方法。该方法不使用任何标注的语料，而是从一个大规模生语料库中搜索例句，并用一个依存句法分析器对例句进行分析，据以产生训练词语和测试词语的上下文表示。该文的实验是将英语名词分到 26 个类中去，最终报告的精度为 68%，相对于文献（Ciaramita and Johnson，2003）（精度为 53%）有较大幅度的提高。

在汉语中，大多数词语为合成词，其构成成分都是有意义的字，作为成分的字的语义与词语整体的语义之间有着密切的联系。自然地，研究者提出了许多基于内部特征的方法来计算构词成分与词之间的关联，并据之以计算未登录词的语义类。而英语等西方语言没有汉语中类似于字的构词成分，因此研究者比较倾向于使用上下文特征来度量词语之间的语义相似度。虽然 Chen 和 Lin（2000）使用上下文特征来计算汉语词语之间的相似度，Lu（2007）也尝试将上下文特征与内部特征结合起来，但最终的实验结果都表明他们的方法在独立或结合使用上下文特征时，都未能获得比独立使用内部特征更好的结果。

2.3　本书工作的方法论基础

2.3.1　组合性原理

从词语内部特征分析词语整体属性的主要依据是组合性原理（Partee，2004）。在语义学和语言哲学中，组合性原理指的是一个复杂表达式的意义是其成分意义和成分组合规则的函项。这一原理又被称为弗雷格原理。到今天为止，关于这一原理的研究和讨论主要集中在句子和短语的组合上。事实上，大多数汉语多音节词也可以被视为一种复杂表达式。本书认为大多数复合词也符合组合性原理，并基于这一原理分别进行未登录词词类、语义类分析。词语整体的属性由成分的属性及成分之间的组合关系确定，因而可以根据成分的属性及成分之间的组合来预测整体的属性。但是成分不能唯一地决定整体的属性，有两种例外情况：其一，根据成分及成分的组合可能产生多种整体属性，这多种属性只有在具体的上下文中才能唯一确定；其二，整体属性在使用中发生变化，与成分之间的联系减弱甚至消失。这两种例外情况必须通过上下文来解决。根据这一基本思路，分别提出用于自动预测未登录词词类、语义类的方法（第5、6章）。这一思路大陆学者没有人尝试过，中国台湾学者、美国学者则做过较多的实验。本书的工作是在他们工作的基础上进行的。

词语是有内部结构的，目前学界的争议只是在于这个结构是语法的还是语义的。在依据组合性原则从词语内部出发判断词语语法类和语义类时，词语成分选哪一种单位需要仔细考虑。可供选择的单位类型有字、切分单位、直接成分。字最简单，毋庸赘述，比如"中华人民共和国"这个词语包括七个字。切分单位指的是依据最大匹配切分方法对词语进行切分，比如"中华人民共和国"这个词语将被切成"中华、人民、共和国"三个切分单位。直接成分则在切分单位的基础上进一步考虑了层次，比如"中华人民共和国"这个词语的直接成分是"中华、人民共和国"。在算法实现时，后一种需要进行层次分析，难度太高，比较切合实际的是字和切分单位这两种单位，本书将用实验来证明哪一类基本单位更有效。

2.3.2　分布分析法

汉语学界一般认为应当依据一个词语的总体分布来判断其词类，而"一个单位的分布就是它所出现的全部环境的总和，也就是这个单位的所有的（不同的）位置（或者出现的场合）的总和，这个单位出现的这些位置是同其他单位的出现有关系的"（Harris，1951）。具体来说，就是依据一个词语与其他词搭配的能力以及充当特定句法成分的能力来判断词类。虽然郭锐（2002）对分布本质的词类观提出质疑，但在词类判断的具体操作方法中，分布特征仍然是可使用的最主要的特征。

王惠（2004）则提出依据组合性对名词进行词义消歧，可以视之为用分布来判断词语意义的尝试。换言之，可以使用以分布为主的外部特征来判断词语的意义或语义类。由于英语中处理未登录词无法使用组合性原理，所以基于分布的方法得到了广泛的使用。在汉语中，基于组合性原理的方法得到了比英文中基于分布的方法更好的结果；与此同时，分布方法在汉语未登录词语义类判断中使用较少且效果不佳。

本书将用实验证明，分布理论不仅对汉语未登录词的词类标注有益（第5章），对于汉语未登录词语义类标注同样有较大的帮助（第7章）。

依据分布来判断词类，其前提是获得正确的层次分析结果，从而可以判断当前词是否与鉴定字属于同一个层次的直接成分。在具体算法实现中，要获得完全正确的层次分析结果是不太可能的，一般来说有两种代替的办法，称为分布表示的替代方法。

第一种是直接使用上下文的词语来表示当前词语的分布特征。第二种是使用自动句法分析器（如短语结构句法分析器、依存句法分析器或其他）的结果。这两种形式化表示方法所表示的用法与实际用法有一定差距，比如有些上下文的词语与当前词语并不是属于同一个层次的直接成分，自动句法分析器也会有大量的错误。虽然如此，在一个大规模语料库中少量的错误将被大量的正确用法湮没，因而用这些替代方法来表示词语的分布在一定程度上仍然可能是有效的。本书将在实验中比较这两种方法的优劣。

2.3.3 内外结合的语类推导策略

组合性原理从内部特征来推导词语的词类和语义类，分布分析法从外部特征来推导词语的词类和语义类，两种原理在一定程度上都是行之有效的。因此，很自然地，研究者会认为两种原理的结合应该可以获得更好的效果。但是，到目前为止，前人结合内外两类特征进行语义类标注的工作结果表明，结合的效果并不能优于单独使用内部特征的效果（Lu，2007）。Lu（2007）的结合方法是由基于内部特征的方法提供若干个候选类，再由基于外部特征的方法从中找出最佳类，因此其结合点为语义类。这种结合方法的问题在于语义类是一个抽象概念，以语义类为结合点，就在词与词之间增加了一层中间结点，从而导致错误显著增加，计算难度也有所增加。

本书认为语类推导[①]应遵循内外结合原则，即内部特征与外部特征相结合。与前人的区别在于，本书的内外结合策略以词为结合点，直接计算词与词之间的相似度。除了可以避免上述以语义类为结合点的问题之外，还有另外一个优点，即可以直接使用汉语中字与词义之间的密切关系来影响词与词之间相似度的计算，将内部特征与外部特征融合在一个模型之中，而不是像 Lu（2007）那样，先使用一个独立的基于内部特征的模型，再把它与基于外部特征的模型结合起来。内部特征和外部特征在预测未登录词的词类和语义类方面各有其优点和局限性，并且在一定程度上形成互补关系，这一点在后面的章节将会详细论述；正是因为这个原因，将内部特征和外部特征结合起来应该能够获得比单独使用其中一种特征更好的效果。

词与作为其构成成分的字之间关联密切是汉语一个重要的构词特点。这一

---

① 本书的"语类"包括语法类（词类）和语义类。

特点使得本书可以作出以下假设[①]（以下称为成分相似假设）。

（1）汉语中多字词可以找到至少一个与之具有相同词类和语义类的词，而且前者与后者之间至少有一个共同字，这个字是两者语法和语义相近的纽带。

（2）两个词语之间共享的字越多，两者之间语法和语义越接近。

上述两个假设将作为本书内外结合的语类推导策略的基础，假设的有效性将直接决定基于此策略的计算模型的效果。

2.3.4　平行原则的具体化和概率化

陈保亚（1999；2005；2006；2009）所提出的平行（周遍）可以看成是对组合性原理的一种形式化。平行周遍与生成规则相对应，平行（周遍或不周遍）与理解规则相对应。生成规则的获取难度很大，数量相对较少，不在本书的研究范围之内。本书所进行的未登录词词类标注和语义类标注更关心与理解规则相对应的平行规则。假定一个词已在语言中，希望有一个比较好的方法能够在一定程度上理解这个词；而不是反过来，根据一定的规则去生成一个合法的词。换言之，在本书中，主要使用平行原则去发现理解性规则，下文称为平行规则。

虽然陈保亚（1999；2005；2006）提出平行周遍原则的初衷在于区分词和短语，但由于种种原因，现有的词典并没有能够遵循这一原则。正如董秀芳（2002）所述，现有词典中的词语既有不符合平行原则的词语（词汇词），也有符合平行原则的词语（词法词）。因此，可以通过归纳的方法从词典中自动地发现大量的平行规则。

将平行原则运用到未登录词语义类标注中，首先要对平行原则进行具体化，使之具备可操作性。本书将平行原则具体化为两种，分别是双向平行类推规则与成对替换类推规则。双向平行类推的基本思想是：一批语义类相同的成分$\{D_1, D_2, \cdots, D_n\}$具有相同的构词能力，它们分别与另一个成分 A 构成词语$\{D_1A, D_2A, \cdots, D_nA\}$，且 $C（D_1A）= C（D_2A）= \cdots = C（D_nA）$[②]。这里，C（DA）表示词 DA 的语义类。例如，"保长、盟长、区长、省长、市长、县长、乡长、乡镇长、镇长、州长"这一组词具有一个共同字"长"，词的整体义都属于官员类，其中的替换成分则都属于行政区划类。

成对替换类推的基本思想是：一对语义类相同的成分 A、B 具有相同的构词能力，它们分别与另外一批成分$\{D_1, D_2, \cdots, D_n\}$构成一批词对$\{（D_1A,　D_1B）,$

---

① 这两个假设都有许多的反例，比如许多联绵词都不符合假设（1），但是这两个假设的有效性要远大于其反例所覆盖的范围。

② 即整体语义类相同。

（D_2A, D_2B），…，（D_nA，D_nB）}，且 C（D_1A）= C（D_1B），C（D_2A）=C（D_2B），…，C（D_nA）=C（D_nB）。例如，"分店、支店，分队、支队，分队长、支队长，分公司、支公司，分行、支行"这五对词都有一对语义类相同的替换成分"分、支"，每一对中的两个词语义类也相同。

另外，还要对平行原则进行概率化。平行原则所产生的规则可分为平行周遍规则与平行不周遍规则。前者要求过于严格，数量较少；后者要求比较宽松，数量太多，可能存在很多反例。事实上，周遍与不周遍不是截然分开的，从绝对的周遍到绝对的不周遍是一个连续统，对平行规则进行概率化可以有效地描述从平行不周遍规则到平行周遍规则这个连续统。对于从词典中自动发现的平行规则，通过计算符合规则的正例和不符合规则的反例的数量的比率，可以将平行规则概率化，从而衡量该规则的可靠性程度。可靠性程度较高的规则可以用于预测未登录词的语义类。例如，在《同义词词林》中符合双向平行类推规则"C（X）=Bh07，则 C（X+子）=Bh07"的词语正例有 16 个"橙子、柑子、橘子、梨子、李子、栗子、柿子、桃子、香榧子、杏子、椰子、枣子、柚子、榛子、榧子、橘子"，反例有 1 个"瓜子"，这一规则的可靠性等于 16/（1+16）。

第3章 相关资源、方法和工具

3.1 相关语言资源

本书使用的语言资源主要包括《现代汉语语法信息词典》《HowNet》《人民日报》标注语料库、《同义词词林扩展版》。

《现代汉语语法信息词典》集成了北京大学计算语言学研究所长期的工作基础和国家"七五""八五"科技攻关的成果,并在后续的应用和开发中继续得到扩充和改进。初期收录了5万多词语,并包含丰富的语法知识。到2004年,这部词典已扩充到8万词语。截止到2016年4月,该词典已向约200家单位转让了许可使用权[①]。

《HowNet》由董振东先生研制(Dong Z and Dong Q,2006)[②],目前有中文词语条目10万多(就双字词而言,《现代汉语语法信息词典》与《HowNet》收录了很多不相同的词语)。采用"类+特征"的方式来描写,使用2000多个义原描写所有词语(概念),将概念分成实体、事件、属性、属性值等大类。其目的是用网络的方式描绘概念之间的关系。比如医院、医生、患者、疾病、治疗等概念虽然属于不同的类别,但通过施事、受事、处所等义原关联起来。医生是治疗的施事,患者是治疗的受事,医院是治疗的处所,疾病是治疗的内容。在本书中,使用《HowNet》分类树中最底层的类作为词语的语义类,数量共计1785个。

北京大学计算语言学研究所研制的《人民日报》词语切分和词类标注语料库,对1998年和2000年的《人民日报》语料库进行分词和词类标注,是目前世界上规模最大的汉语词语切分和词类标注语料库,已完成1998年、2000年5000多万字语料的标注[③]。

《同义词词林》是一部同义词词典,由梅家驹等编纂而成(梅家驹等,1983),

---

① http://icl.pku.edu.cn/icl_groups/syntac-dictn.asp。在该网页上可以下载10000个词语的示例。

② http://www.keenage.com/html/c_index.html。《HowNet》2000版是可以免费共享的,之后版本需要购买后方可使用,本书中使用2008版。

③ http://icl.pku.edu.cn/icl_groups/corpustagging.asp。在该网页上可以下载1998年1月份《人民日报》的标注语料。

初衷是希望提供较多的同义词语，解决写作过程中"词穷"的问题。它按照树状的层次结构把所有收录的词条组织到一起，把词汇分成大、中、小三类，大类有 12 个，中类有 97 个，小类有 1428 个。哈尔滨工业大学信息检索技术研究中心参照多部电子词典资源，对之进行了大规模的扩展，最终的词表包含 7 万余条词语，称为《同义词词林扩展版》。

3.2　条件随机场

条件随机场（conditional random fields，CRF）是一种判别式概率模型，相对于隐马尔可夫模型（hidden Markov models，HMM）、最大熵马尔可夫模型（maximum entropy Markov models，MEMM）具有一定的优势。隐马尔可夫模型一个最大的缺点是输出独立性假设，这导致其不能考虑上下文的特征，限制了特征的选择。最大熵马尔可夫模型解决了这一问题，可以任意地选择特征。但最大熵马尔可夫模型在每一节点都要进行归一化，所以只能找到局部的最优值，同时也带来了标记偏见的问题，即凡是训练语料中未出现的情况全都忽略掉。条件随机场则很好地解决了这一问题，它并不在每一个节点进行归一化，而是使用所有特征进行全局归一化，因而可以求得全局的最优值。目前条件随机场模型是公认最好的序列切分和标注模型之一[①]（Lafferty et al., 2001）。

3.3　评测方法与评测指标

在实验中，主要使用正确率、召回率和 F 值来评价方法的结果，其定义如式（3.1）～式（3.3）所示。其中"待判断的词语数"等于"给出判断结果的词语数"和"未给出判断结果的词语数"之和。如果所有词语都给出了判断结果，那么"待判断的词语数"等于"给出判断结果的词语数"，"正确率"等于"召回率"。

$$\text{正确率} = \frac{\text{判断结果正确的词语数}}{\text{给出判断结果的词语数}} \quad (3.1)$$

$$\text{召回率} = \frac{\text{判断结果正确的词语数}}{\text{待判断的词语数}} \quad (3.2)$$

$$F\text{值} = \frac{2 \times \text{正确率} \times \text{召回率}}{\text{正确率} + \text{召回率}} \quad (3.3)$$

---

① 引自 http://en.wikipedia.org/wiki/Conditional_random_field。

3.4　软件工具

本书使用的软件工具主要有哈尔滨工业大学信息检索研究中心语言技术平台、中国科学院计算技术所词法分析系统和 CRF++软件包。

哈尔滨工业大学信息检索研究中心语言技术平台（简称 LTP 平台）是一个语言处理系统框架，它定义了基于 XML 的文本表示，提供了一整套自底向上的语言处理模块以及处理结果的可视化工具，集成了包括分词、词类标注、命名实体识别、词义消歧、依存句法分析、指代消解、文本分类、自动文摘等中文处理核心技术。LTP 在线演示参见：http://www.ltp-cloud.com。

中国科学院计算技术研究所词法分析系统（Institute of Computing Technology, Chinese Lexical Analysis System，ICTCLAS）主要功能包括中文分词、词类标注、命名实体识别、新词识别，同时支持用户词典。目前已经升级到了 ICTCLAS 3.0。ICTCLAS 3.0 分词速度单机 996KB/s，分词精度 98.45%，API 不超过 200KB，各种词典数据压缩后不到 3M，是当前世界上最好的汉语词法分析器之一。其特点在于提供开源版，用户可以在其基础上进行一些修改以适应自己的需要。本书在切分词语并对词语成分进行词类标注时使用了这一系统，并对之进行了修改，即使一个词已经在分词词典中，也可以对之进行进一步的切分和词类标注。除了词语的内部成分切分和词类标注之外，其他地方使用的词语切分、词类标注和依存句法分析均来自 LTP 平台。ICTCLAS 在线演示参见：http://ictclas.org/test.html。

条件随机场的算法实现使用 CRF++软件包，这是一个简单高效、可定制且开源的基于条件随机场模型的软件包，由 Taku Kudo 开发，适用于处理序列切分和序列标注问题，如词语切分、词类标注、命名实体识别等。网址为：http://crfpp.sourceforge.net/。

第4章 现代汉语复合词内部结构词典的构造

描写复合词的构造，除了帮助语言使用者理解词义之外，还有一个重要的用途在于预测和判断未登录词的构造以理解未登录词的语法意义和词汇意义，后者对于使用计算机进行自然语言处理具有重要的意义。俞士汶（1999）认为"要解决好计算机系统内未定义词的处理，重要的途径就是注意对合成词构词规律和词间关系的研究。"但是正如傅爱平（2003）所说，"就目前所见到的文献资料而言，在词素构词方式的调查统计中得到的统计规律很少在识别未登录词语的工程实践中得到应用。尤其是那些基于语法属性的构词规律。"基于上述原因，本书希望能够在前人工作的基础上，构建一部面向汉语未登录词词类标注和语义类标注的现代汉语复合词内部结构词典。

前人的许多研究分别从某一角度涉及复合词内部结构的分析，有的是从结构关系类型角度，有的是从成分语义类的角度。与前人的工作相比，本书构建复合词内部结构词典时目的性更强一些，即通过内部结构识别未登录词的词类和语义类，这一思想贯穿了整体构建过程。

4.1 汉语复合词的基本构造类型

要分析现代汉语词语的内部结构，首先就要弄清楚这些词语是怎么来的。一般认为，现代汉语复合词产生方式有三种，分别是类推、词汇化和简缩，此外还有一些词语分别来自汉语方言和汉语以外的语言。每个未登录词自然会有相应的新词义，除此之外，一些旧词语在使用中也会产生新的意义。因此，可以依据义项的来源将语义词典中的词条分别归入三大类九小类（表4.1）。不同类别的词语，具有不同的来源，其内部成分与整体之间的关系也不同。

表 4.1　语义词典义项分类列表

	类推词	来自已有的构词模式（复合、附加）	网民、股民
来自语言内部的词语	缩略词	来自于语言内的短语或跨层结构	科技、南开
	词汇化词	来自于语言内的短语、句法结构或跨层结构	虽然、但是

续表

外来词	方言借词	来自于方言	般配、帮衬
	音译词	来自于其他语言	坦克、吉普
	半音译半意译词	同时来自于其他语言与本语言	啤酒、卡片
	日语借词	来自于日语	空间、组合
已有词语的 新义项	修辞构词	来自于语言内的词语	暗礁、暗流
	旧词新义	来自于语言内的词语	小姐、教授

以上三个大类中，已有词语产生的新义项比较容易处理，因为每个新义项都对应一个本义，该词语内部结构的分析应参照本义进行。外来词中音译词是单纯词，没有内部结构，方言借词和日语借词数量有限，特殊对待，也不进行内部结构分析。因此，复合词内部结构分析的主要对象是第一大类三个小类的词语。对于第二大类和第三大类的词语，仅标注其所属类别，而不进行内部结构分析。

第一大类"来自语言内部的词语"包括三个小类，分别称为缩略词、词汇化词和类推词。其中缩略词的内部结构需要与其原形结合起来分析，缩略词的成分本身并没有语法类和语义类分析的问题。因此，内部结构分析的主要对象是词汇化词和类推词。

4.2　词典构建方案

构建内部结构词典的主要工作是对《HowNet》中的所有双字词语，标注其内部成分的词类、语义类以及语法结构关系，具体内容如下。

（1）成分语法类使用北京大学计算语言学研究所 2003 版词类标记集（下文简称北大 2003 版词类标记集），含 106 种词类（俞士汶，2003）。

（2）成分结构关系类型包括并列、定中、状中、补充、支配、陈述、前缀、后缀、名量、重叠、动介、连动、跨层、同位、简缩等 15 种。

（3）成分语义类使用《HowNet》中定义的语义类。

本书构建此词典的基本方法是以人工标注、自动标注交叉验证，并辅之以启发式规则来发现标注过程中存在的错误和不一致问题。具体流程如下。

（1）标注人员按照规范进行手工标注；同时，用三种自动标注方法分别独立进行标注。

（2）用人工标注结果与自动标注结果进行交叉验证，将不一致的地方提交给校对人员核对。同时，利用启发式规则发现人工标注过程中可能错误和不一致的地方，也提交给校对人员。

（3）根据校对人员反馈回来的修改结果进一步扩展，找出自动标注结果没有覆盖到而可能出现同类问题的词语，再提交给校对人员核对。

这一构建流程的主要优势在于可以较好地解决标注一致性问题。限于人力和财力，一般不太可能进行双人交叉验证式标注。常见的做法是在自动标注的基础上辅以人工校对和一些后处理措施。当参与人员较多时，一致性问题比较难以解决。基于这一原因，没有采用这种常规做法，而是代之以人工标注、自动标注交叉验证，并辅之以启发式规则来发现标注过程中存在的错误和不一致问题，以提高词典质量。

4.3　自动标注方法

在自动标注过程中，使用了三种方法。第一种方法主要处理定中式名词，其依据是一部分定中式名词的内部结构比较清晰，词语的意义等于其成分意义之和，因此依据《HowNet》对这些词语的形式定义就可以猜出各成分的意义。另外两种方法是双向平行类推法和成对替换类推法。这两种方法主要是为了处理多义成分歧义的消解。

类推的方式可以分为两种：一种是双向平行类推；一种是成对替换类推。所谓双向平行类推要求一组词语的成分语义类和词语语义类两个方向平行，假定一组语义类相同的词语其替换成分所具有的多个义项中有一个是共同义项，则可以判定此共同义项为替换成分在当前这一组词语中的义项。

4.3.1　方法一：使用《HowNet》中词语的 DEF

方法一基于《Howent》中每个词语的 DEF 来猜测成分的 DEF。《HowNet》每个词语都给出一个形式化的语义解释，称为 DEF。例如，词语"男人"的 DEF 为"{human|人:modifier={male|男}}"。方法一的基本思想是：有一些词语的意义等于其成分的意义之和，因此在已知词语意义的情况下，可以根据词语意义反过来推测其成分的意义。例如，已知词语"男人"的 DEF 为"{human|人:modifier={male|男}}"，"男"的多个义项中有一个是"{male|男}"，"人"的多个义项中有一个是"{human|人}"，因此可以根据"男人"的语义解释猜测出其成分的语义解释。

4.3.2　方法二：双向平行类推

对于一些通过类推方式产生的词语，可以通过类推来推测成分的意义。我们称这些符合一定类推规则的词语为类推词，类推过程中不变的成分为共同成分，变化的成分为替换成分。例如，"好人、恶人、歹人、圣人、高人、坏人、完人"为一组类推词，其中"人"为共同成分，"好、恶、歹、圣、高、坏、完"为替换成分。这一组替换成分有很多具有多个义项，但在这一组类推词中，它们都具有一个同类的义项。

因此，基于类推词所具有的特性，可以通过类推规则来推测其中的替换成分的意义。虽然有一些替换成分具有多个义项，但通过一组替换成分义项类似的限制，可以找出这一组替换成分在当前这一组类推词中的义项[①]。

双向平行类推法的具体实现流程如下：

（1）以首字为共同成分，后字为替换成分，标记后字的语义类。

（2）建立词典的首字表及相应的首字索引，每个字下面分别记录以该字为首字的所有词语。

（3）遍历首字表，通过首字索引查看相应的词语，若后字不在词典中，则忽略该词；若后字在词典中，则保留。

（4）遍历保留下来的词的所有语义类，将词语语义类分组，每个词语可以归入多组，记录各语义类的频次。

（5）遍历频次大于 2 的组，看组中替换成分是否有共同语义类，若只有一个共同语义类，则生成一条规则，其格式为<共同成分，替换成分语义类，整体语义类>，将这些词语中的所有替换成分标记为对应的语义类；若有多个共同语义类或者没有共同语义类，则放弃。

（6）以后字为共同成分，前字为替换成分，重复（2）～（5），标记前字的语义类，相应地前后字位置要进行变换。

根据上述流程标记成分语义类，前后字都标出语义类的共 5237 条词语；仅前字标出语义类的共 14684 条词语，仅后字标出语义类的共 11557 条词语。

4.3.3　方法三：成对替换类推

另外一种类推方式为成对替换类推。所谓成对替换类推要求一对单字具有共同的语义类，并且它们与多个其他字组合成的词对分别具有共同的语义类。其基本思想是：假设字 A、B 分别与字 C_1、C_2、…、C_n 组成词对 $\{AC_1, BC_1\}$、$\{AC_2, BC_2\}$、…、$\{AC_n, BC_n\}$,每个词对中的两个词均具有共同的语义类，称为替换词对；如果字 A 与字 B 具有相同语义类，则称之为词对中 A 与 B 的共同语义类。

成对替换类推算法具体流程如下。

---

① 王洪君（2005）曾提出可以通过这种方式来推测构词成分的语法类。

（1）建立同类字对表，将语义类相同的两个字归为一个同类字对，存入表中；若两个字具有两个或两个以上的共同语义类，则放弃。

（2）以首字为共同成分，后字为替换成分，标记后字的语义类。

（3）建立词典的首字表及相应的首字索引，每个字下面分别记录以该字为首字的所有词语。

（4）遍历同类字对表，通过首字索引查看相应的词语；若一个同类字对存在两个以上的同类替换词对，则该词对中替换成分的共同语义类即为替换成分在这两个词中的语义类。

（5）以后字为共同成分，前字为替换成分，重复（3）～（4），标记前字的语义类，相应地前后字位置要进行变换。

根据上述流程标记成分语义类，前后字都标出语义类的共 4285 条词语；仅前字标出语义类的共 8801 条词语，仅后字标出语义类的共 8749 条词语。

4.3.4　自动分析结果汇总

上述三种方法彼此独立，可以分开使用。其处理结果中也有许多是重合的。汇总结果如表 4.2 所示，共有 16072 个词语前后字均获得结果，25782 个词语前字或后字获得结果，总计 41854 个词语（其中有一部分是三字词）得到了全部或部分标注结果。

表 4.2　自动分析方法标注结果汇总

方法	有前后字结果	仅有前字结果	仅有后字结果
1	10272	—	—
2	5237	14684	11557
3	4285	8801	8749
汇总	16072	14503	11279

4.4　结构分析方案、原则和方法

4.4.1　基本方案

《人民日报》标注语料库以词语为主要切分和标注单位，《HowNet》也仅对词语的语义进行描写。而有些成分的某些义项仅在构词时出现，因此在标注语料库和《HowNet》中就没有相应的记录。对于这些义项，分别基于北大 2003 版词类标记集和《HowNet》的语义类体系为之增加相应的词类和语义类。在具体分析各个词的内部结构时，以本义优先原则为基本原则，以类推为主要方法。

4.4.2　本义优先原则

理解一个词语的内部结构最重要的依据是该词语的本义，即造词初始之义，称为本义优先原则。无论是成分语法类、成分语义类还是成分结构关系的判断，都必须依据本义进行。词语产生之初，形式与意义可能是一致的；在产生之后，其意义在使用中发展变化，而形式不变，因此就会出现形式与意义不一致的情况（张灵秀，1997）。

本义可以分为两种：一种情况下，本义仅是造词初始之义，在现代汉语中该义项已不复存在，如"符合、契合、步骤"等；另一种情况下，本义在现代汉语中仍然使用，其他义项由本义引申发展而来，如"暗礁、暗流、变色"等。两种情况下的本义虽然性质有所不同，但都是分析词语内部结构的主要依据。即使在前一种情况下本义在现代汉语中已不再使用，仍然应按照本义来分析其内部结构。后一种情况下仅对本义对应的词条进行内部结构的标注，引申义对应的词条直接参照对应的本义即可。

4.4.3　类推法

本义不明的用类推法。寻找词源是一件很困难的工作，有些词源产生的理据比较模糊，以致很难判断其本义。对于本义不明的词语，首先采用类推的方法来判断其内部结构。所谓类推法，指的是通过结构类似且结构清晰的词语来推测对应的结构不清晰的词语。其具体方法为：设 A、B、C 为三个构词成分，如果 C（A）=C（B）并且 C（AC）=C（BC），那么 S（AC）=S（BC）[①]。这一方法的基本思想是成分语义类相同且整体语义类相同的词语具有相同的内部结构。

大多数词语只要找到正确的本义，其内部结构就会比较清楚。但是也有一些词语，即使本义很清楚，其内部结构也难以判断。因此下面对于前一种情况不再涉及，主要讨论在本义清楚时内部结构仍然难以判断的情况，并分别举例说明结构关系类型判断、成分语法类判断和成分语义类判断中的问题及解决办法。

4.5　结构关系类型的判断

关于汉语合成词的结构类型，学界也存在着各种不同的意见。对于并列、定中、状中、补充、支配、陈述、前缀、后缀、名量、重叠这十种结构类型大

---

① C（X）指 X 的语义类，S（X）指 X 的内部结构，包括成分语法类、语义类、结构类型。

家的意见比较一致。后来又有学者陆续提出一些新的结构类型，彭迎喜（1995）提出增加六种新的结构类型，张灵秀（1997）则认为汉语复合词结构类型应增加 14 种。彭迎喜（1995）、张灵秀（1997）分别提出要增加正偏式和倒装式，两者是一个意思，都是指逆序定中现象，如"糖稀、韭黄、饼干"。本书支持王洪君（1999）的观点，不新设一类，而是将逆序定中现象仍然视为定中式复合词。综合前人观点，把结构关系类型分为 15 种，并列、定中、状中、补充、支配、陈述、前缀、后缀、名量、重叠、动介、连动、跨层、同位、简缩。此外，对于因词源不清楚、共时结构关系比较模糊的少数词语，归入其他类。以下分别举例说明。

并列式：淤淀、鱼肉。定中式：老郭、草鱼。状中式：预期、互惠。补充式：架空、扩大。

支配式：与会、到家。陈述式：锋利、雷鸣。前缀式：老大、第一。后缀式：惨然、口子。

名量式：马匹、车辆。重叠式：每每、最最。动介式：予以、在于。连动式：退休、分封。

跨层式：玉成、一再。同位式：郭老、鲤鱼。简缩式：两广、四化。

如果已知成分语法类和语义类，结构关系类型的判断通常就不会有问题。因此，不对结构关系类型进行细致的分析。

4.6 成分语法类的判断

在本义已经比较清楚的前提下，成分语法类仍然难以判断的主要包括以下几种情况：定中式复合词定语位置，涉及名词类与形容词类的区分、名词类与动词类的区分；定中式复合词中心语位置，主要涉及名词类与形容词类的区分；并列式名词，涉及名词与形容词的区分。

4.6.1 定中式定语位置

由于名词和形容词都可以充当定语，所以当一个名形兼类词出现在定语位置时，就不太好判断其词类。如"神、圣"均为名形兼类词。"圣"本义为形容词，指通达事理；引申后为名词，指精通一事、某门学问或某种技艺有特高成就的人，或专指儒家所称道德智能极高超的理想人物，如"诗圣、棋圣"，属于名词。因此，"圣人、圣迹"中"圣"的词类就不太好判断。依据类推法，由于"圣、贤"同类，可以依据"贤人"推断"圣人"中"圣"为形容词。由于"神、圣"同类，可以依据"神迹"推断"圣迹"中"圣"为名词。

在汉语中，动词可以直接修饰名词，在词法层面也有同样的问题，动词类词素可以直接修饰名词类词素，因此定语位置的名动兼类词素可能是名词类，也可能是动词类，有时候不太好区分。此时可以使用类推法。例如，"斗、铲、车"为三个构词成分，"斗车"的内部结构清晰，"斗"指形状；"铲车"的内部结构不清晰，"铲"可能是动词，也可能是名词。由于"斗"和"铲"具有相同的语义类，都可以表形状。因此根据"斗车"来推测"铲车"的内部结构，从而判断"铲"在"铲车"中表形状，为名词类。

4.6.2　定中式中心语位置

定中式词语中心语位置可以是形容词类成分，如"音强"。若中心语位置的成分是名形兼类，则处理成形容词需要慎重。比如"音高、音长"中的中心语成分均应处理成名词。所谓的"逆序定中"现象（王洪君，1999），如"韭黄、蒜黄、饼干"，做定中式处理，其中心语成分处理为名词。

定中式词语中心语位置可以是动词类成分，如"情杀"。若中心语位置的成分是动名兼类的词，则将其处理成动词类成分时要慎重；多数情况下应处理为名词而不是动词。比如"母爱、民愤、马勒、拉锁"中的中心语成分均为名词类成分。

4.6.3　并列式

绝大多数并列式词语的成分的语法类都与词语自身的语法类相同。但是有两类比较特殊的情况。第一类是并列成分正好兼类，第二类是并列成分不同类。并列成分兼类通常是名形兼类。比如"神圣"的两个成分都属于名形兼类，"神圣"自身也正好是名形兼类，名词义"泛指天神、神灵"，形容词义"形容崇高、庄严而不可亵渎"。找不到词源证明"神圣"的两个义项哪一个是本义，因此，认为"神圣"的名词义和形容词义分别由其成分的名词义和形容词义组合而来。

一个词属于并列结构，其成分可以不属于同一语法类和语义类；若两个成分有共同语法类，则一般情况下这两个成分应该属于同一语法类。也就是说，并列式词语成分虽然可以不同类，但属于特殊情况，在遇到此种情况时应慎重处理。比如"疲劳"是一个并列式词语，但是在《HowNet》中"疲"是形容词，"劳"是动词。出现这种情况的原因在于"劳"的"疲乏"义只能构词，不能单用，不能受"很"修饰，因而只能将之判断为动词。"凉爽"也是一个并列式词语，"凉"是形容词，"爽"兼形容词和动词，在"凉爽"中，"爽"应处理为形容词而不是动词。

4.7 成分语义类的判断

在多数情况下,成分语义类的判断与成分语法类的判断是一体化的过程,成分语法类清楚,成分语义类也就清楚了。但在少数情况下,即使成分语法类清楚了,成分语义类也不一定清楚。以下具体说明后一种情况的两种类型。

4.7.1 类推词的替换成分

若通过文献可以确定一个词是词汇化的词,则其内部结构一般会比较清晰。与词汇化词相比,有些类推词的内部结构却比较模糊,尤其是类推过程中的替换成分意义比较模糊,如果替换成分恰巧是多义词素的话,在当前词中的义项就比较难于判断。

以"学风"为例,"学风"在《现代汉语词典》中的解释是"学校的、学术界的或一般学习方面的风气",用之于学校、学生,则指"学习风气",用之于学术、学术界则指"学术风气",含有研究之义。学风的两个意思是使用对象的不同。"学"在"学习风气"中指学习,在"学术风气"中指"学术"。"学风"是典型的类推词,与之结构类似的词语有"党风、警风、民风、校风、医风、军风、赌风、考风"等。这一组词语中,"党风、警风、民风、校风、医风、军风"指某一行业和阶层的风气,"赌风、考风"指某一行为的风气。由于"学"兼有阶层和行为两个语义类的意思,通过类推产生的"学风"也自然地具有这两种意思。《现代汉语词典》和《HowNet》均将这两个意思归入一个词条之中,使得"学"的语义类不太好判断。

对于这一类现象,有两种可以选择的处理办法。一种是为之增设一个新的词条,将"学习风气"和"学术风气"两个义项区分开。另一种是为"学"增加一个新义项,专指"学"在类推中作为替换成分时的义项。考虑到整体词典架构的简便,在实际中选择后一种方案。

4.7.2 成分的本义与引申义

不仅词语本身牵涉本义与引申义的纠葛,词语的成分有时候也牵涉本义与引申义的区分。有些成分在最开始出现的词语中意义比较实在,后来这些词语的意义引申产生比较虚的义项,之后这些词语的某个成分再通过简缩机制而在构成新词的时候使用这些比较虚的义项。"薪"和"心"是两个典型的例子。"薪"的本义为柴。在"薪水"中,"薪"和"水"并列,分别指柴和水。"薪水"词汇化之后指薪水，后来"薪"通过缩略机制也获得了薪水的意思。因此在"薪俸、薪资、薪金"等后起词中，"薪"为薪水义。"薪水"是"薪"获得"薪水"义的起始词，那么在这个词里，"薪"就是"柴"的意思；它与"水"并列，如果说"薪"是薪水义，那么"水"就不好处理了。"心肠"也是如此，"心"与"肠"并列，因此"心"应处理成器官义，而不是思想情感义。

4.8　计算机辅助人工标注

4.8.1　基于词类兼容规则的异常标注结果发现

《HowNet》中每个成分的义项都标注有相应的词类，但是《HowNet》从本质上讲是一个语义词典，而且在设计之初较多地考虑了机器翻译的需要，比较注重与英语词语语义的对应关系，因此其词类体系受英语词类的影响，与主流的词类体系差别较大。基于这一原因，在进行内部结构分析与标注时，在成分语法类这一方面选择了北大 2003 版词类标记集。由于《HowNet》中的每个义项在《HowNet》的体系中都对应着一个词类，所以在人工标注之后，就可以得到两套词类标注结果。

假设两种词类体系之间存在着一定的兼容规则，那么不符合这些兼容规则的就可能是异常的标注结果。基于这一思路，总结出如下词类兼容规则①。

（1）《HowNet》中的词类与北大 2003 版词类标记集的对应语素语法类兼容，即 H（N）与 P（Ng）、H（ADJ）与 P（Ag）、H（V）与 P（Vg）分别兼容。

（2）《HowNet》中的大类与北大 2003 版词类标记集对应大类的小类兼容，即 H（N）与 P（nt）、P（nz）、P（nr）、P（nrf）、P（nrg），H（V）与 P（vt）、P（vi）、P（vu）分别兼容。

（3）《HowNet》中的形容词与北大 2003 版词类标记集的名词兼容，即 H（ADJ）与 P（n）、P（nt）、P（nz）、P（nr）、P（nrf）、P（nrg）兼容。

不符合兼容规则的标注结果如果是错误的标注,可能是由以下原因引起的。

（1）词类标注错误。虽然语义类标注正确，但词类标注错误。

（2）语义类标注错误。虽然词类标注正确，但语义类标注错误。

不符合兼容规则的标注结果均被提交给校对人员做进一步的校对。

---

① H（A）表示 HowNet 中的词类 A，P（A）表示北大 2003 版词类标记集中的词类 A。

4.8.2　词类的自动补充与人工标注结果中词类的自动校正

4.3 节所述三种自动分析方法主要用于猜测成分的语义,还需要用其他的方法为上述三种方法的猜测结果补充相应的词类。

采用的方法是根据人工标注结果用投票的方法决定自动分析结果中成分的词类,这一方法同时也可以用于修正人工标注结果中的词类。其基本思路是:从理论上讲,每个字的每个义项只应属于一个词类;人工标注结果中,标注结果的不一致会导致同一个字同一个义项被标记成多个词类的情况出现。其具体方法如下。

(1)根据投票的方法,记录同一个字同一个义项被标记成各词类的频次,频次高者胜出。

(2)根据投票结果决定所有单字各义项的词类,并据此为自动标注结果补充词类。

在使用上述方法辅助人工标注时,不是直接对人工标注的结果进行修改,而是给出异常提示,由校对人员选择是否接受。

4.8.3　比较人工标注结果和自动标注结果

总计 54000 双音词中,自动标注涉及约 41000 词,其中有一万词因为正确率极高没有提交人工标注。因此人工标注约 44000 词,其中有三万条与自动标注重合。将这三万条词语的人工标注结果和自动标注结果相比较,将两者不一致的作为存疑的标注结果,提交给校对人员。

第5章　未登录词词类自动标注

汉语词与词之间没有空格标记，因此对于汉语来说，词语切分就成为自然语言处理的一个基础任务。许多东方语言都有类似的问题，如日语和藏语。但是，要构造一部包含某一语言所有词语的词典是一件几乎不可能完成的工作，因为未登录词总是在不断地产生着。未登录词数量众多，对文本处理效果有较大的影响。目前未登录词识别方法已经比较成功并且在许多系统中得到广泛应用，未登录词词类标注却仍然是自然语言处理研究领域内一个充满挑战性的工作。

未登录词词类标注与传统的词类标注任务有很大区别。传统词类标注任务的主要内容是为文本中的每一个词赋予一个相对于当前上下文的合适词类标记。它需要一部词典，这部词典应当列出各词语所有可能的词类标记。但是未登录词并不在词典之中，因此词典中无法记录未登录词可能属于哪几种词类。因此未登录词词类标注任务就是在某一语言的整个词类标记集中来预测未登录词的词类。显然，传统的词类标注方法不一定能有效地解决未登录词词类标注的问题。

前人的相关研究主要使用了两类特征来解决未登录词词类预测的问题。一类是外部特征，包括局部外部特征和全局外部特征。外部特征也正是传统的词类标记方法中所使用的主要特征。另一类是词语内部特征。前人的研究主要使用内部特征来进行词类预测，另外一些方案讨论过外部特征的使用。也有一些方案尝试将两种特征结合起来，但这些方案只是试图将两种特征整合在一个模型之中，而未就两种特征各自的作用和彼此之间的关系给出合理的解释。

一般而言，结构的属性总是依赖于它的内部结构。因此，很自然地，单独使用内部特征来预测词语的词类或许可很好地完成词类预测的工作，同时获得较高的正确率和召回率。基于此，提出一种基于内部特征的模型进行词类预测，这一模型使用条件随机场来构建，获得了较好的效果，对于除双字词以外的多字词效果尤佳。

在基于条件随机场的模型中，尽管双字词的词类预测正确率已经很高，但仍然有很大的改进空间，尤其是在处理内部结构有歧义的词语时（如"灌水、灌渠"同属于 V+N 序列，但两个词语一个属于动词一个属于名词）。考虑到词语在实际文本中的用法也可以很好地反映词语的语法属性，而且外部特征和内部特征是两种完全互补的特征，因此，设计了一种方案试图有效地将两种特征的互补优势结合起来。在这一方案中，将提出一种方法来衡量前一个模型词类预测结果的可信度，可信度较低的词语（通常是内部结构歧义度较高的词语）将被提交给另外一个基于外部特征的模型来进行修正。这一基于外部特征的模型试图模仿语言学家判断词类的方法，虽然该模型词类预测的召回率相对较低，但是它仍然能够修正前一个模型的一些错误预测结果。

5.1　基于内部特征的模型

根据在词类预测中所使用的特征，可以将前人的研究分为三类。第一类研究主要使用外部特征，包括局部上下文和全局上下文。例如，Nakagawa 和 Matsumoto（2006）同时使用了局部上下文和全局上下文。第二种研究主要使用内部特征，如文献 Chen et al.（1997）和 Wu and Jiang（2000）。第三种研究则试图将内部特征和外部特征结合起来，如文献 Lu（2005）和 Goh et al.（2006）。本书的方法属于第三类，但在整合两类特征的方案上与前人的方案有很大区别。在本书的方法中，内部特征发挥着最主要的作用，基于内部特征的模型可以独立地取得很好的预测结果。外部特征则充当着内部特征的有益补充的角色，它的使用可以在一定程度上改进前者的结果。两种模型通过基于内部特征的模型预测结果的可信度而联系起来，对于可信度较低的词再使用基于外部特征的模型来进行修正。

在这一模型中，将未登录词词类预测任务视为一个序列标注问题。这一想法源于对人理解词语过程的观察。通常，人们将词视为字或语素的序列，这一序列可以被分割成多个成分，成分之间在意义上相互联系，人们通过对成分以及成分间联系的认识来理解整个词语。

正如许多研究所证明的，条件随机场模型最适于用来解决序列标注问题（Lafferty et al.，　2001；Vail et al.，2007）。因此，本书也使用条件随机场来构建基于内部特征的模型。

在训练过程中，使用一部词典中的词语作为训练数据，这些词语将被视为字符序列，交由一个标准的词语切分和词类标注工具进行处理，从而得到词语的内部特征。通过针对这些数据的训练过程，将会取得一个未登录词词类预测模型。在测试过程中，将输入的未登录词视为字符序列并使用同一个词语切分和词类标注工具进行预处理以得到未登录词的内部特征，之后交由词类预测模型产生词类标注结果。

5.1.1　特征分析

在这一模型中，主要使用了三种特征：词语的构成成分，词语的构成成分的长度，词语的构成成分的语法类。

在使用条件随机场模型进行训练之前，先使用标准的词语切分和词类标注程序进行特征分析工作。根据两个方面的差异，可以得到四种特征分析方案。第一个方面是词语构成成分的类型，可以是字也可以是切分成分。这里，切分成分指的是对一个词进行一次最大匹配切分后所得到的成分。例如，"科学技术部"这个词有以下构成成分："科、学、技、术、部、科学、技术"，其中只有"科学、技术、部"是它的切分成分；"科、学、技、术"等成分要进行第二次切分才能够得到。第二个方面是对词类标记的取舍，或者保留词类标记，或者舍弃词类标记。这四种方案的关系如表 5.1 所示。

表 5.1　四种特征分析方案

构成成分类型	保留词类标记	不保留词类标记
字	方案 1	方案 2
切分成分	方案 3	方案 4

在方案 1 和方案 2 中，词语切分和词类标记工具对词典词循环进行切分，直到每个成分都是字，同时在方案 1 中标记每个字的语法类，在方案 2 中则不进行标记。在方案 3 和方案 4 中，词语切分和词类标记工具对每个词典词只进行一次最大区配切分以得到它的切分成分，同时在方案 3 中标记每个直接成分的词类，在方案 4 中则不进行标记。例如，"科学技术部"在方案 1 中将被切分为"科/N 学/N 技/N 术/N 部/N"，在方案 3 中则被切分为"科学/N 技术/N 部/N"。

5.1.2　特征模板的选择

对每一类特征，将使用图 5.1 中的五个模板，因此，在方案 1 和方案 3 中将会有 15 个模板，在方案 2 和方案 4 中将会有 10 个模板。

例如，在采用方案 3 训练时，"科学技术部"将会被转换为"科学/N/N_B 技术/N/N_M 部/N/N_E"的形式，其中"N"表示词类为名词，"B、M、E"则分别表示这些成分位于这个词的开始位置、中间位置和结尾位置上。使用方案 3 的 15 个模板，"科学/N/N_B 技术/N/N_M 部/N/N_E"中的每一个切分成分都可以被转换成 15 个特征。

U01:%x[-1,n]: 前一个成分的第 n 个特征
U02:%x[0, n]: 当前成分的第 n 个特征
U03:%x[1, n]: 下一个成分的第 n 个特征
U04:%x[-1, n]/%x[0,n]: 前一个成分的第 n 个特征与当前成分的第 n 个特征
U05:%x[0, n]/%x[1,n]: 当前成分的第 n 个特征与下一个成分的第 n 个特征

图 5.1 特征模板

基于上述特征模板训练，将会得到一个未登录词词类标注模型，从而可以对输入的未登录词进行词类标注。以未登录词"灌渠"为例，它首先会被词语切分和词类标注工具分析为"灌/V 渠/N"的形式提交给词类标注模型，然后被词类标注模型标记为"灌/V/N_B 渠/N/N_E"，也就是说，"灌渠"被标记成名词。

5.2 可信度计算

基于内部特征的未登录词词类标注模型基于词语符合组合性原理这一假设，对于多数词语来说是非常有效的，但是很多词语的内部结构是有歧义的，因此单从内部构成出发无法得到一个确切的词类预测结果。例如，"灌渠"和"灌水"序列类型都是"V1+N1"[①]，但是前一个词是名词，后一个词是动词。类似于"V1+N1"这样的歧义结构也正是未登录词词类标注问题中的难点所在，对双字词来说尤其如此。

为了处理这些内部结构具有歧义的词语，通过为每一个语法类序列计算出一个可信度的方法将这些有歧义的结构挑选出来。例如，"灌渠"的词类序列类型是"V1+N1"，这一序列类型是由词类序列"V+N"和长度序列"1+1"合成的。将使用式（5.1）来计算某一类型词语的词类标注结果的可信度。

$$C_k = \frac{\text{Count}(S_k \mid P = P_j) - \text{Count}(S_k \mid P = P_{j+1})}{\text{Count}(S_k)} \tag{5.1}$$

式中，C_k 表示序列类型为第 k 类（即 S_k）词语的词类预测结果的可信度；S_k 指 $P_1 L_1 P_2 L_2 \cdots P_n L_n$ 这样的词类序列，其中 n 指序列 S_k 所包含成分的数

---

① 这里"V、N"表示成分的语法类，"1"表示成分的长度。

量，P_n 和 L_n 分别指第 n 个成分的词类和长度；Count（S_k）指词典中序列类型属于 S_k 的词的数量，Count（$S_k|P=P_j$）和 Count（$S_k|P=P_{j+1}$）则分别指词典中序列类型属于 S_k 且词类为 P_j 和 P_{j+1} 的词的数量，其中 P_j 和 P_{j+1} 分别是使 Count（$S_k|P_x$）值最大的两个词类。在表 5.2 中给出了一些可信度较低的序列的示例。

表 5.2　低可信度序列示例

序列	可信度	占词典的比重
Vg1+Ng1	0.7	0.50%
V1+Ng1	0.67	1.90%
Vg1+N1	0.67	0.55%
V1+N1	0.65	2.99%
V1+Vn2	0.57	0.04%
A1+A1	0.55	0.22%
N1+A1	0.48	0.15%
V1+V2	0.44	0.05%
V1+Vi2	0.25	0.08%

例如，"灌渠"的序列类型是"V1+N1"，查表 5.2 可知，其可信度值为 0.65。假如可信度阈值设为 0.8，则"用电"的可信度低于这一阈值，因此它将会被交给另外一个模型处理。

5.3　基于外部特征的词类标注模型

可信度较低的词语将会被提交给一个基于外部特征的模型进行进一步的修正。这一模型是对语言学家判断词类方法的一个模拟。为了模拟语言学家的行为，这一模型需要一个大型语料库，以便为每一个新词提供尽可能多的实例。现有的标注语料库不太可能满足这种需求，因为标注语料库内容都是固定的，不太可能实时更新，因而不能很好地反映最新出现的词语的使用情况。使用大型商业搜索引擎作为语料的来源可以解决这一问题，本书将新词提交给搜索引擎，然后从返回的结果中抽取实例。

语言学家已经总结了一套系统的基于分布判断汉语词类的方法（郭锐，2002）。例如，一般而言，汉语的动词或形容词可以受"不"修饰，而名词则不能受"不"修饰。以这种知识为基础，设计了一些句法模板，如表 5.3 所示。这些句法模板表示一个词能否进入相应的格式。

表 5.3　句法模板列表(以"喜欢"为例)

模板	~	不+~	开始+~	进行+~	予以+~	仍+~	所+~	很+~	很不+~
示例	喜欢	不喜欢	开始喜欢	进行喜欢*	予以喜欢*	仍喜欢	所喜欢	很喜欢	很不喜欢

* 表示该模板对于当前词来说是一个不好的模板,从理论上讲在语料库中不应该出现;没有加*表示该模板对于当前词来说是一个好的模板

对每个未登录词,根据表 5.3 中的句法模板产生对应的实例,并将这些实例作为查询对象提交给搜索引擎。对每个查询,搜索引擎都会返回很多包含上下文的实例,从中提取出具体的句子。接下来,从搜索引擎中获取的实例将作为投票者为三个词类打分,每个词都会得到三个分数,即 Score(N)、Score(V)和 Score(A)。这三个分数分别表示将这个词判断为三个词类的得分。每个句子在投票时都要依据图 5.2 中的标准。在图 5.2 中,Value(N)、Value(V)和 Value(A)分别对应每个句子的投票权重。例如,一个符合条件的句子在投票给 Score(N)时,其投票权重为 Value(N),相应地在投票给 Score(V)和 Score(A)时,其投票权重分别为 Value(V)和 Value(A)。这三个投票权重用于平衡三个得分之间的差异,使其具有可比性。

(1)若一个未登录词出现在及物动词之后,并且位于句子或分句的末尾,则 Score(N)+=Value(N)。

(2)若一个未登录词出现在量词之后,并且位于句子或分句的末尾,则 Score(N)+=Value(N)。

(3)若一个未登录词出现在"不""仍""所"之后,则 Score(V)+=Value(V)。

(4)若一个未登录词出现在"开始""进行""予以"之后,并且或者位于句子或分句的末尾,或者其后一个词不是动词,则 Score(V)+=Value(V)。

(5)若一个未登录词出现在"不""很"或"很不"后面,则 Score(A)+=Value(A)。

图 5.2　投票标准

每个从搜索引擎中提取的实例将依据图 5.2 中的标准打分,一个实例可以为满足条件的所有标准打分。比如一个实例可能同时满足第(3)和第(5)条标准,则可同时为 Score(V)和 Score(A)打分。

这些模板在多数情况下是有效的,但是由于词法分析错误或者其他原因,会遇到许多异常情况,因此需要使用 Outstanding 方法来过滤这些异常。使用式(5.2)来为每个未登录词的投票结果计算一个 Outstanding 值,以判断该投票结果是否可以接受。

$$O = \frac{\text{Max}[\text{Score(POS)}] - \text{Max}'[\text{Score(POS)}]}{\text{Max}[\text{Score(POS)}]} \qquad (5.2)$$

式中，O 表示投票结果的 Outstanding 值；Max[Score(POS)] 指三个得分中最大的一个，Max'[Score(POS)] 指另外两个得分中最大的一个。如果 O 大于设定的阈值，就认为这一投票结果是可以接受的，并根据这一投票结果选择得分最高的词类来修正前一个模型的结果。

例如，未登录词"用语"的 Score（N）、Score（V）和 Score（A）分别是 50、5、3，则 O（用语）=（50-5）/50=0.9，最终的词类标注结果应该是 N。

5.4   实　验　结　果

5.4.1   实验准备

基于条件随机场的模型使用《现代汉语语法信息词典》作为训练数据和基准词典，使用从《人民日报》标注语料库中抽取的未登录词作为测试数据。这两种资源都是由北京大学计算语言学研究所研制的。后者是进行了词语切分和词类标注的熟语料库，其内容为《人民日报》1998 年 1 月份至 6 月份的新闻文章。本书挑选了《现代汉语语法信息词典》中的所有名词、动词和形容词作为训练数据，提取了《人民日报》标注语料库中的所有名词、动词和形容词，并将这些词中未在《现代汉语语法信息词典》中出现的视为未登录词以充当测试数据。本书所使用的训练数据和测试数据的词长分布情况如表 5.4 所示。

表 5.4   训练数据和测试数据中的词长分布

词长	训练数据	测试数据
二字	40103	11108
三字	12167	12901
四字	1180	1055
五字及以上	0	279
所有	53450	25343

在实验中，使用中国科学院计算技术所的 ICTCLAS 3.0（Zhang et al., 2003）作为词语切分和词类标注程序。这一程序被认为是比较好的汉语自动分词和词类标注程序，曾在 973 评测中获得第一名。在基于内部特征的模型中，使用 CRF++, Yet Another CRF 工具箱（Kudo, 2005）作为条件随机场的具体实现。在基于上下文的模型中，选择 www.baidu.com 来搜索例句。

5.4.2　本书方法的实验结果

本书提出的基于内部特征的四种方案的实验结果如表 5.5 所示。观察表中的结果可以发现，方案 1 是最好的，方案 3 次之，没有使用构成成分的语法类这一特征的方案 2 和方案 4 相比之下效果要差一些，这说明构词成分的语法类这一特征是非常有用的，而前人的统计模型基本上都没有使用这一特征。我们在获取构词成分语法类这一特征时使用的是标准的词语切分和词类标注程序，这种程序原本的标注对象是句子而不是词，在标注词语构词成分语法类时不可避免地会带来比切分句子时更多的错误，因此，可以推测构词成分语法类与词语词类的语法类之间的相关关系要比本实验中所体现出的还要更密切一些。

表 5.5　基于内部特征的四种方案的实验结果

词长	方案 1 正确率	方案 2 正确率	方案 3 正确率	方案 4 正确率	最佳结果
二字	86.60%	86.01%	86.65%	85.21%	86.65%
三字	99.22%	99.17%	98.65%	97.48%	99.22%
四字	92.03%	91.47%	92.89%	89.76%	92.89%
五字及以上	100.00%	98.20%	98.92%	98.92%	100.00%
所有	93.40%	93.08%	93.15%	91.80%	93.40%

方案 1 和方案 3 之间的比较说明基于字的方案在处理三字词和五字词时具有优势，基于直接成分的方案在处理二字词和四字词时具有优势，但整体上基于字的方案要稍好一些。考虑到多数三字词和五字词都是附加式复合词（包括一些由准词缀附加而成的复合词），而二字词和四字词都是合成式复合词，可以认为在现有技术条件下基于字的方案更适合于处理派生词，基于直接成分的方案更适合于处理合成式复合词。从理论上讲，基于直接成分的方法应该也适合于处理派生词，但是由于标准的自动词语切分程序经常会把"1+2"式的三字词错误地切成"2+1"式（比如"征税率"会被错切成"征/V 税率/N"），因此基于直接成分的方法容易受到切词错误的干扰。鉴于方案 1 的结果最优，因此后续的改进工作都在方案 1 的基础上进行。

在计算可信度时，设可信度的阈值为 0.8，此时有 2234 个词（这些词均为双字词）的可信度低于这一阈值，这些词将使用基于外部特征的模型进行进一步的处理。在基于外部特征的模型中，设 Value（N）、Value（V）、Value（A）、Outstanding 阈值的值分别为 4、1、1、0.5，这些值是经过实验得出的经验值。之所以将名词的权重设得较高，主要是因为目前还没有找到比较宽松而有效的针对名词的模板，现有模板过于严格，因而很难找到足够的例子。经过这一模型的修正，2234 个词中有 1357 个词获得了有效的结果，其中 462 个结果与前一模型的结果是不同的。这 462 个结果中有 302 个是正确的修正。因此，这一修正过程将双字词的正确率提高了 1.3 个百分点，达到 87.9%（表 5.6）。此外，两种模型判断结果相同的 895 个词正确率高达 91.2%，这意味着当两种模型判断结果一致时其可信度相应地也非常高。

表 5.6　使用基于全局上下文的模型及规则之后的结果

词长	词语数	正确率（修正之前的对应值）
二字	11108	87.90%（86.60%）
三字	12901	99.22%（99.22%）
四字	1055	97.10%（92.89%）
五字及以上	279	100%（100%）
所有	25343	94.20%（93.40%）

尽管上述方法已经可以涵盖大多数人工规则，仍然需要引入少量的规则以便简化机器学习过程。在此引入的两条规则是专用于处理两种格式的重叠式合成词。一种是 "V_1 不 V_2" 格式的重叠式合成词，如 "应不应该、需不需要"；另一种是 "$V_1V_1V_2V_2$" 格式的重叠式合成词，如 "出出进进、打打杀杀"。本书的规则是：若一个四字未登录词属于这两种格式，并且其中的 V_1 是动词，则将这个四字词的词类标记为动词。如果在基于条件随机场模型的学习中加入适当的特征，比如判断第一个字与第三个字是否相同、第二个字与第四个字是否相同等，也可以覆盖这两条规则。这两条规则涉及的词数量并不是很多，在整个测试集中只有 68 个。通过引入这两条规则，成功地修改了 68 个四字词的词类，使四字词的正确率提高到 97.1%，相对于之前的 92.89% 有比较大的提高（表 5.6）。

5.4.3　与前人工作的比较

文献（Wu and Jiang, 2000）与本书基于内部特征的模型最为接近，但是该文并未直接给出这一方法的结果。本书使用与该文一样的训练数据和测试数据，实现了他们的方法，结果如表 5.7 所示。这一结果表明，他们的方法在处理双字词时能得到较高的正确率和召回率，但是在处理三字及三字以上的词时召回率有较大的下降，从而导致整体性能欠佳。与他们的方法相比，本书基于条件随机场的模型（方案 1）不仅在处理三字及以上的词时效果良好，在处理双字词时性能也有较大提高。

表 5.7　与 Wu 和 Jiang（2000）所提方法的比较

词长	词语数	标记词语数	正确率	召回率	F 值（本文方法的对应值）	
二字	11108	10408	84.43%	79.11%	81.68%	（87.90%）
三字	12901	11091	96.20%	82.70%	88.94%	（99.22%）
四字	1055	225	98.22%	20.95%	34.53%	（97.10%）
五字及以上	279	0	0	0	0	（100%）
所有	25343	21724	90.58%	77.65%	83.60%	（94.20%）

　　Lu（2005）提出了一个混合模型来进行汉语未登录词词类预测，其整体正确率达到了 89%，但双字词正确率仅为 74%。比较之下，本书的方法将整体正确率提高到 94.2%、双字词正确率提高到 87.9%。Lu（2005）的混合模型中包括 Wu 和 Jiang（2000）提出的方法，但是使用的训练数据仅仅有 7107 个词，与 Wu 和 Jiang（2000）所使用的 8 万词的规模相比相差甚远，因此未能正确地反映基于内部特征模型的优势。

5.5　实验结果分析

　　实验结果表明，基于内部特征的模型对汉语未登录词词类预测工作能够取得较好的结果，在正确率和召回率两个方面都能得到较大的提升。这证明内部特征在词类预测中是非常有用的。而且，本书基于内部特征训练而来的模型具有良好的适应性和健壮性，即使在训练数据中没有五字词的情况下，也能够对五字未登录词给出正确的判断结果。

　　本书的工作还表明基于外部特征的方法可以成为基于内部特征的方法的有益补充，在一定程度上改进其结果。尽管基于外部特征的方法整体上不能达到与基于内部特征方法相媲美的性能，但在处理某些存在歧义结构的未登录词时则具有相对的优势。本书通过计算成分序列可信度的方式衔接基于内部特征的方法和基于外部特征的方法，较好地发挥了两种方法（两种特征）的互补优势。

　　与 Lu（2005）相比，本书没有使用许多的规则，这并不意味着认为规则在词类预测中没有用处。事实上，基于内部特征的机器学习模型已经在训练过程中学习了大量的基于内部特征的构词规则，甚至可以给每一条规则一个可信度。也就是说，多数规则都已经通过机器学习获得并得到了使用。

　　尽管本书的实验主要以现代汉语为对象，相信本书所提出的方法应该同样适用于其他类似于汉语的东方语言，如日语、泰语和藏语。因此，可进一步将本书的方法扩展到这些语言中去。

第6章 基于内部特征的未登录词语义类自动标注

本章的研究目标是对汉语的未登录词进行细粒度的语义类标注，所使用的语义分类体系包括《词林》和《HowNet》两种体系。词义消歧研究多数使用上下文信息来消解多义词的歧义，但是未登录词语义类标注时的语义类集合要比词义消歧所涉及的歧义集合大得多，词义消歧所要消解的对象只是某个多义词的几个义项，而未登录词语义类标注所涉及的对象则可能是整个语言的语义类集合。考虑到两种集合规模上的巨大差别，在词义消歧研究中被证明是行之有效的方法（主要使用上下文特征）很可能并不适用于词义猜测。Chen 和 Lin（2000）、Lu（2007）的实验都证明基于外部特征的方法在汉语未登录词词义猜测中的效果非常不理想。本章中提出的方法将不会涉及外部特征。

在语义学和语言哲学中，组合性原理指的是一个复杂表达式的意义是其成分意义和成分组合规则的函项，这一原理又被称为弗雷格原理。迄今为止，关于这一原理的研究和讨论主要集中在句子和短语的组合上。事实上，大多数汉语多音节词也可以被视为一种复杂表达式。与印欧语不同，汉语的未登录词是由有意义的字符而非无意义的字母组成的。有一些关于汉语未登录词语义类标注的相关研究已经尝试通过计算未登录词意义与其成分之间的关联关系来界定未登录词意义与其成分之间的关系（Chen，2004；Lu，2007）。这正是组合性原理的主要思想。

在本书中，尝试将组合性原理从句子和短语扩展到汉语的多音节词上。这意味着本书认为汉语的多音节词的语义类是其成分的语法和语义属性以及成分的组合规则的函项。也可将其解释为：句法和语义属性相似的两个成分具有相似的构词能力。这里相似的构词能力指的是两个成分按照相同的构词规则所构成的词意义相似。

基于组合性原理，提出一种混合方法进行汉语未登录词词义猜测工作。这一混合方法包括三个模型。其中两个模型分别计算成分语义类与整体语义类之间的关联、成分（自身）与整体语义类之间的关联关系，另一个模型则将语义类标注视为一个序列标注过程。这三个模型按照一定的顺序融合成一个整体，形成最后的语义类标注模型。

实验表明，本书的方法在三种数据集上分别能够达到 61.0%、56.4%、64.7% 的 F 值，相对于前人研究中的最好方法，分别有 4.5%、5.4%、5.0%的提高。

6.1 基 线 模 型

Lu（2007）所提出的方法是基于内部特征的现有方法中效果最好的，本书实现了这一方法并称之为 SSM 方法（state-of-art structure-based method），该方法从本质上讲是一个字义关联模型和一个基于规则模型的混合。

6.1.1 字义关联子模型

第一个子模型为字义关联模型，该模型在 Chen（2004）中也用到过，简称为 CS 模型。为了便于与前人的工作进行比较，本书遵从 Lu（2007）中对于该模型的设计。

在这个模型中，卡方（χ^2）方法被用来计算词语语义类与其构成成分字之间的关联度。χ^2 的具体含义如式（6.1）和式（6.2）所示，其中 $\mathrm{Asso}(c,t_j)$ 表示字 c 与类 t_j 之间的关联度，$f(x)$表示 x 的频次。计算出字与类之间的关联度之后，可以在此基础上进一步计算出词 w 与语义类 t_j 之间的 $\mathrm{Asso}(w,t_j)$，$\mathrm{Asso}(w,t_j)$ 等于构成词 w 的所有字与语义类 t_j 之间的关联度之和，如式（6.3）所示；其中 c_i 指词 w 的第 i 个字，|w|表示词 w 的长度，λ_i 表示 $\mathrm{Asso}(c_i,t_j)$ 的权重。所有的 λ 之和为 1。

$$\mathrm{Asso}(c,t_j) = \frac{\alpha(c,t_j)}{\max_k \alpha(c,t_k)} \tag{6.1}$$

$$\alpha(c,t_j) = \sqrt{\frac{[f(c,t_j)]^2}{f(c)+f(t_j)}} \tag{6.2}$$

$$\mathrm{Asso}(w,t_j) = \sum_{i=1}^{|w|} \lambda_i \mathrm{Asso}(c_i,t_j) \tag{6.3}$$

在计算字与语义类之间的关联度时，对出现在词语不同位置上的字进行区分，分为词首字、词中字、词尾字。对出现在不同位置上的同一个字，分别计算关联度。词与语义类之间的关联度相应地等于相应位置上的字与语义类的关联度之和。

通过计算关联度可以将所有未登录词语分成两类。在第一类中，对于一个未登录词 w_t，在词典中存在至少两个词 w_i、w_j，w_i 与 w_t 首字相同，w_j 与 w_t 末字相同，并且 w_i、w_j 与 w_t 语义类也相同。例如，词语"包间"就属于这一类词，在《词林》中，"房间、里间、外间"等词语与"包间"后字相同且语义类相同，"包厢"与"包间"前字相同且语义类相同。

其他词语属于另一类。例如，词语"半径"就属于这一类词，在《词林》中，存在词语"内径"与"半径"后字相同且语义类相同，但不存在与"半径"前字相同且语义类相同的词语。

本书将这两类词语分别称为 Type-1 词语和 Type-2 词语。

6.1.2　规则子模型

第二个子模型为规则子模型，它包括两类规则。

第一类规则主要用于处理并列结构的双字词语，该规则假设并列结构的词语与它的成分字应该具有共同的语义类。给定一个测试词语 w，含有两个成分 wp1、wp2，如果 wp1、wp2 语义类相同，则将该语义类输出，作为 w 的语义类。例如，给定未登录词"欢悦"，因为 C（欢）＝ C（悦），所以 C（欢悦）＝ C（欢）。

第二类规则主要用于处理三字词和四字词，从词典中为每个三字或四字未登录词找到一个相似的三字或四字词。给定一个三字词 ABC，包含三个成分字 A、B、C，若在词典中存在一个三字词 XYC，并且 C（AB）＝ C（XY），则 C（ABC）＝ C（XYC）；如果在词典中存在一个三字词 XBC，并且 C（A）＝ C（X），则 C（ABC）＝ C（XBC）。例如，给定一个未登录词"推销商"，因为 C（推销）＝ C（销售），并且词典中存在词语"销售商"，因此 C（推销商）＝ C（销售商）。

给定一个四字词 ABCD，包含四个成分字 A、B、C、D，若在词典中存在一个四字词 XBCD，并且 C（A）＝ C（X），则 C（ABCD）＝ C（XBCD）；若在词典中存在一个词语 ABCX，并且 C（D）＝ C（X），则 C（ABCD）＝ C（ABCX）；若在词典中存在一个词语 XYCD，并且 C（AB）＝ C（XY），则 C（ABCD）＝ C（XYCD）；若在词典中存在一个词语 XYZD，并且 C（ABC）＝ C（XYZ），则 C（ABCD）＝ C（XYZD）。例如，给定一个未登录词"输油管道"，因为 C（道）＝ C（线），所以 C（输油管道）＝ C（输油管线）。

6.1.3 混合模型

上述两个子模型通过如下步骤结合起来。

若规则子模型返回了一个以上的语义类结果，则使用字义关联子模型对这多个结果进行排序，排序最靠前的一个为最终结果。

若规则子模型没有返回结果，则字义关联子模型的结果中排序最靠前的一个将作为最终结果。

6.2 基于内部特征的模型（模型1）

基于组合性原理的思想，本章提出一个混合模型来解决汉语未登录词语义类标注的问题。与前人在汉语方面进行的研究类似，本章的模型是完全基于内部特征的，没有考虑诸如上下文的外部特征。该混合模型包含三个子模型，其中两个是本书提出的序列标注子模型、类类关联子模型，另一个是继承自 Lu（2007）提出的字类关联子模型。下面将分别介绍序列标注子模型和类类关联子模型。

6.2.1 序列标注子模型

序列标注子模型将语义类标注视为一个序列标注问题。序列标注子模型选择条件随机场方法来解决序列标注问题。

使用选择条件随机场来解决序列标注问题的过程是一个典型的机器学习过程，包括一个训练过程和一个测试过程，两个过程都要使用事先设置好的特征模板。其训练过程包括：①选择训练数据；②对数据进行预处理；③根据特征模板抽取训练用特征；④根据抽取的特征训练得到一个标注模型。其测试过程包括：①对测试数据进行预处理；②根据特征模板抽取特征；③用训练过程中得到的标注模型依据上一步抽取的特征进行标注。训练过程的第④步与测试过程的第③步在各种使用条件随机场方法的应用中内容都是一样的，因此不再具体描述。训练过程的②、③分别与测试过程的①、②是一样的。因此下面将分三个部分来说明使用条件随机场方法来进行汉语未登录词语义类标注的具体过程，这三个部分分别是：相关词选择（选择训练数据）、内部特征分析（数据预处理）、特征模板的配置和特征抽取。

1. 相关词选择

在进行训练之前，首先要选择用于训练的数据。对于未登录词语义类标注来说，就是要为用于测试的未登录词 w 选择一批对标注 w 的语义类有帮助的词语作为训练数据。如前所述，条件随机场模型对时间和空间的要求都很高；未登录词语义类标注在《词林》上含 1428 个语义类标记，条件随机场模型不可能支持如此之大的标记集。解决的办法就是根据汉语词语的成分（字）的表义性，通过成分过滤来减少训练数据，相应地减少标记集的规则。

在基于词语成分进行训练数据过滤时，依照下面的规则。

给定一个未登录词 w，一个语义词典 T：

（1）若 w 为名词，则选择 T 中与 w 后字相同的词为训练词。

（2）若 w 为动词或形容词，则选择 T 中与 w 前字或后字相同的词为训练词。

例如，给定一个名词未登录词"文化部门"，依据上述规则从《词林》中抽取的训练数据如表 6.1 所示。

表 6.1　未登录词"文化部门"的训练词语

词语	词类	小类编号	词语	词类	小类编号
看门	N	Ae05	脚门	N	Bn04
杜鲁门	N	Af10	宫门	N	Bn04
豪门	N	Ak03	柴门	N	Bn04
沙门	N	Am01	门闩	N	Bn04
门	N	Bc05	闩	N	Bn04
大嗓门	N	Bg07	宅门	N	Bn04
天门	N	Bk02	大门	N	Bn04
脑门	N	Bk02	正门	N	Bn04
囟门	N	Bk02	前门	N	Bn04
外耳门	N	Bk03	后门	N	Bn04
声门	N	Bk04	二门	N	Bn04
嗓门	N	Bk04	便门	N	Bn04
肛门	N	Bk14	拱门	N	Bn04
贲门	N	Bk14	街门	N	Bn04
幽门	N	Bk14	屏门	N	Bn04
阴门	N	Bk15	家门	N	Bn04
产门	N	Bk15	城门	N	Bn04
门	N	Bn04	关门	N	Bn04
旁门	N	Bn04	山门	N	Bn04
侧门	N	Bn04	辕门	N	Bn04
边门	N	Bn04	炉门	N	Bn04
角门	N	Bn04	车门	N	Bn04

词语	词类	小类编号	词语	词类	小类编号
垂花门	N	Bn04	窗门	N	Bn04
太平门	N	Bn04	斗门	N	Bn14
上场门	N	Bn04	闸门	N	Bn14
栅栏门	N	Bn04	阀门	N	Bo03
弹簧门	N	Bn04	活门	N	Bo03
舱门	N	Bn04	截门	N	Bo03
防护门	N	Bn04	油门	N	Bo03
放气门	N	Bn04	气门	N	Bo03
球门	N	Bn04	电门	N	Bo04
房门	N	Bn04	快门	N	Bp15
穿堂门	N	Bn04	对门	N	Cb06
东门	N	Bn04	玉门	N	Cb08
校门	N	Bn04	南门	N	Cb08
院门	N	Bn04	国门	N	Cb14
行辕门	N	Bn04	家门	N	Cb15
楼门	N	Bn04	厦门	N	Cb25
铜门	N	Bn04	澳门	N	Cb25
旋转门	N	Bn04	法门	N	Db09
木门	N	Bn04	不二法门	N	Db09
防盗门	N	Bn04	窍门	N	Db09
学校门	N	Bn04	西门	N	Dd15
暗门	N	Bn04	不二法门	N	Dg07
无缝门	N	Bn04	左道旁门	N	Dg07
防撬门	N	Bn04	后门	N	Dg07
庙门	N	Bn04	方便之门	N	Dg07
柜门	N	Bn04	天门	N	Dh02
铁门	N	Bn04	也门	N	Di02
拉门	N	Bn04	所罗门	N	Di02
天安门	N	Bn04	澳门	N	Di02
南门	N	Bn04	家门	N	Di05
破门	N	Bn04	权门	N	Di05

续表

词语	词类	小类编号	词语	词类	小类编号
豪门	N	Di05	监管部门	N	Di09
名门	N	Di05	监察部门	N	Di09
朱门	N	Di05	行政部门	N	Di09
家门	N	Di05	民政部门	N	Di09
门	N	Di05	门	N	Di10
门	N	Di05	水门	N	Di11
寒门	N	Di05	道门	N	Di12
柴门	N	Di05	佛门	N	Di12
宅门	N	Di05	空门	N	Di12
寒门	N	Di05	部门	N	Dm01
将门	N	Di05	衙门	N	Dm01
部门	N	Di09	清水衙门	N	Dm01
政府部门	N	Di09	政府部门	N	Dm01
劳动部门	N	Di09	劳动部门	N	Dm01
人事部门	N	Di09	司法部门	N	Dm01

2. 内部特征分析

在训练过程中，训练词语被当成一个字符序列，一个标准的分词和词类标注工具被用于对这些字符序列进行最小成分切分和成分词类标注。在测试过程中，测试词语被当成一个字符序列，之后同样对其进行最小成分切分和成分词类标注。在进行最小成分切分时，每个最小成分都是一个字；通过控制分词和词类标注工具，可以逐层切分，直到每个成分都是一个字为止。这个过程，下文称为内部特征分析过程。

通过成分切分和成分词类标注，得到两种类型的内部特征，分别是作为词语成分的字和字的词类。例如，"文化部门"这个词语进行内部特征分析之后的结果是"文/N 化/V 部/N 门/N"，包括"文、化、部、门"四个字，这四个字的词类分别是"名词、动词、名词、名词"（N 和 V 分别表示名词、动词）。

3. 特征模板的配置和特征抽取

在进行特征抽取时，条件随机场除了各个离散的特征之外，还考虑各种特征之间的共现。一般使用特征模板来形式化地表示抽取的特征类型。序列标注子模型所使用的特征模板如表 6.2 所示。若将名词"防撬门"作为训练词，则在训练阶段进行特征抽取时将被转换为"防/V/Bn04_B 撬/V/Bn04_M 门

/N/Bn04_E"，其中"Bn04_B、Bn04_M、Bn04_E"分别是"防、撬、门"三个成分的目标语义类标记，"B、M、E"分别表示一个序列的起始位置、中间位置和结尾位置。

表 6.2　序列化子模型使用的特征模板

特征编号	形式化表示	示例（以"撬"为当前字）	说　明
U01	%x[-1,0]	防	前一字
U02	%x[0,0]	撬	当前字
U03	%x[1,0]	门	下一字
U04	%x[-1,0]/%x[0,0]	防撬	前一字与当前字共现
U05	%x[0,0]/%x[1,0]	撬门	当前字与下一字共现
U06	%x[-1,1]	V	前一字的词类
U07	%x[0,1]	V	当前字的词类
U08	%x[1,1]	N	下一字的词类
U09	%x[-1,1]/%x[0,1]	VV	前一字的词类与当前字的词类共现
U10	%x[0,1]/%x[1,1]	VN	当前字的词类与下一字的词类共现

4.训练和测试

给定未登录词"文化部门"，依照上述流程，从表 6.1 中的所有词语中抽取特征，使用条件随机场训练之后可以得到一个未登录词语义类标注模型。

在测试时，依照上述流程对"文化部门"进行分词和词类标注，之后进行特征抽取，然后即可以使用前面得到的模型进行标注，输出结果为"文/N/Di09_B 化/V/Di09_M 部/ N/Di09_M 门/N/Di09_E"。也就是说，"文化部门"的四个成分分别被标注为"Di09"这个语义类的 B、M、M、E 位置，因而整个词的语义类就应当是 Di09，与其同类的词语包括"政府部门、劳动部门、人事部门、监管部门、监察部门、行政部门、民政部门"。绝大多数情况下，四个位置的语义类标记应该是一致的，当四个位置的语义类标记不一致时，以最后一个为准。

6.2.2　类类关联子模型

类类关联子模型，前一个"类"指的是成分的语义类，后一个"类"指的是词语的语义类，其基本思路是：许多词语是通过类推的方式建立的，因此可以基于类推的思想从语义词典中自动地发现规则，用以描写成分语义类与词语语义类之间的关联。

类推是构造新词语的一种重要方式，它可以分为两类，分别是完全类推和创造性类推（朱彦，2010）。完全类推形式上要求比较严格，类推过程中的替换成分在语音、语义、语法各方面均比较相近，例如，"好评、坏评""的哥、的姐"这两组词中，替换成分分别是对义词和同类词。创造性类推形式上要求比较宽松，有些类似于构式，比如"X+化"构式（产品化、具体化、现代化、美国化……），"X+的"构式（摩的、残的、马的、飞的……）。由于创造性类推形式上要求比较宽松，很难为其找到比较严格的结构规则，因此本章所使用的双向平行类推规则和成对替换类推规则主要处理完全类推，创造性类推产生的新词语主要由统计方法处理。第 4 章使用双向平行类推和成对替换类推的思想来标记词语构成成分的语义类，这一章则使用类似的思想来抽取双向平行类推规则和成对替换类推规则，并根据这些规则来推导未登录词的语义类。在抽取规则时，本书为每一条规则抽取了相应的正例和反例，详见"附录"。

下面分别描述这两种类推的定义与规则获取方式。

1. 双向平行类推

设词典中存在一个词语集合 WS＝{$D_1A, D_2A, \cdots, D_nA$}，WS 包含 n 个词语，每个词语 D_iA 包含两个成分"D_i"和"A"，"D_i"和"A"都包含一个或多个字。如果这 n 个词语的语义类属于同一个语义类，即 C（D_1A）＝C（D_2A）＝…＝C（D_nA），那么称 WS 中的词语整体语义类平行。根据这个集合，可以推导出一条规则：给定一个未登录词 $D_{n+1}A$，其语义类应为 C（D_1A）。称这种规则为单向平行规则，这里的平行指的是词语整体语义类平行。本书称 D_i 为替换成分，A 为共同成分。单向平行规则限制较小，因此会碰到过多的反例。

通过进一步加强限制，可以形成双向平行类推规则。设词典中存在一个词语集合 WS＝{$D_1A, D_2A, \cdots, D_nA$}，WS 包含 n 个词语，每个词语 D_iA 包含两个成分"D_i"和"A"，"D_i"和"A"都包含一个或多个字。如果这 n 个词语的语义类属于同一个语义类，即 C（D_1A）＝ C（D_2A） ＝…＝ C（D_nA），并且这 n 个词语替换成分的语义类也属于同一个语义类，即 C（D_1）＝ C（D_2）＝…＝ C（D_n），那么称 WS 中的词语双向平行。根据这个集合，可以推导出一条规则：给定一个未登录词 $D_{n+1}A$，若 C（D_{n+1}）＝ C（D_1），则其语义类应为 C（D_1A）。称这一类规则为双向平行类推规则，这里的双向平行分别指词语语义类平行（相同）和替换成分语义类平行（相同）。

本书称符合一条双向平行类推规则的词语为该规则的正例（上面 WS 中的词语都是正例），而不符合该规则的词语为其反例。若一个词语 E_1A 满足成分语义类平行条件 C（E_1）＝C（D_1）＝…＝C（D_n），但 C（E_1A）≠C（D_1A），则 E_1A 为 WS 对应的双向平行类推规则的反例。正例比例越高，规则的可靠性越高。因此，为了评估规则的可靠性，还要考虑两个因素：①正例的数量必须高于一定的阈值，设为λ_p；②正例在 WS 中的比例必须高于一定阈值，设为λ_n。

考虑上述两个因素，推导双向平行类推规则的步骤如下[①]。

（1）给定一个语义词典T和两个阈值λ_p、λ_n。

（2）对于一个成分A（A可能包含一个字，也可能包含多个字），从T中抽取一个词语集合WS=$\{D_iA| D_iA \in T\}$。

（3）设词语语义类为CM_1，成分语义类为CM_2，对于词语D_iA，如果$C（D_iA）=CM_1$且$C（D_i）= CM_2$，则D_iA为正例，否则D_iA为反例，记正例数量为 Count（p），反例数量为 Count（n）。

（4）若 Count（p）大于λ_p并且Count（p）/[Count（n）+ Count（p）]大于阈值λ_n，则可以产生一条双向平行类推规则：给定一个未登录词BA，如果$C（B）= CM_2$，则$C（BA）=CM_1$；否则不产生规则。

例如，给定共同成分"市"和词典《词林》，词语语义类为 CM_1=Di02，成分语义类为 CM_2=Cb25，则可找到正例 121 个，反例 30 个，正例比例为（121/151）=0.8。若阈值λ_p、λ_n 分别为 3、0.5，则可以产生一条规则：给定一个未登录词"B 市"，如果 $C（B）$=Cb25，则 $C（B 市）$=Di02。

上面仅仅叙述了共同成分在后的情况，事实上，共同成分也可在前。两种情况下推导双向平行类推规则的过程是一致的，在此不再赘述。

2. 成对替换类推

一对语义类相同的成分 A、B 具有相同的构词能力，它们分别与另外一批成分$\{D_1, D_2, \cdots, D_n\}$构成一批词对$\{(D_1A, D_1B),(D_2A, D_2B), \cdots, (D_nA, D_nB)\}$，且 $C（D_1A）=C（D_1B）$，$C（D_2A）=C（D_2B）$，$\cdots$，$C（D_nA）=C（D_nB）$。根据这条规则可以产生更多的新词语，称这种规则为成对替换类推。很多意义相对或相反的词都符合成对替换类推规则，比如成分对"部-局"分别与"安全"构成"安全部"和"安全局"，两个词语义类相同。

给定一个语义类相同的成分对 A、B，两个成分分别与另一个成分构成的词对的集合为$\{(D_1A, D_1B)，(D_2A,D_2B)，\cdots，(D_nA, D_nB)\}$，若 $C（D_iA）= C（D_iB）$则属于一个正例，若 $C（D_iA）\neq C（D_iB）$，则属于一个反例。若正例所占比例超过阈值λ_n，则可以推导出一条成对替换类推规则：给定语义词典 T，对于未登录词 w=EA，若 T 中存在词语 EB，则 $C（EA）=C（EB）$；对于未登录词 w=EB，若 T 中存在词语 EA，则 $C（EB）=C（EA）$。

例如，给定具有相同语义类的替换成分对"部-局"和词典《词林》，阈值

---

① 要推导出所有双向平行类推规则，需要遍历所有可能的共同成分；对于每个共同成分对应的词语集合，需要遍历所有可能的词语整体语义类和成分语义类。

λ_n 为 0.5，在《词林》中找到 31 对正例，14 对反例，正例比例为 31/（31+14）=0.7，大于 λ_n，因此可以产生一条成对替换规则：对于未登录词 w=E 部，若《词林》中存在词语 "E 局"，则 C（E 部）=C（E 局）；对于未登录词 w=E 局，若《词林》中存在词语 "E 部"，则 C（E 局）=C（E 部）。

上面仅仅叙述了替换成分对在后的情况，事实上，替换成分对也可在前。两种情况下推导成对替换类推规则的过程是一致的，在此不再赘述。

6.2.3　混合模型：模型 1

在序列标注子模型、类类关联子模型和字类关联子模型中，类类关联子模型由于限制比较严格，因此可靠性最高，相应地它所能处理的词语的数量也比较少；序列标注子模型和字类关联子模型整体效果相差无几。

通过分析序列标注子模型和字类关联子模型，发现字类关联子模型的优势在于处理"包间"类词语，而序列标注子模型的优势在于处理非"包间"类词语。"包间"类词语的特点在于满足下列条件：给定词语 w=AB 和词典 T，至少存在一个以上的词语 w_1=A*[①] 和一个以上的词语 w_2=*B 满足 C（w_1）=C（w_2）。例如，对于"包间"这个词，在《词林》中存在语义类相同的词语"包厢、房间"，满足上述条件；对于"半径"这个词，找不到满足该条件的词语，因此它属于非"包间"类词语。

根据上述分析，将三个子模型混合起来，形成一个整体模型，称为模型 1，其具体流程如图 6.1 所示。由于类类关联子模型最可靠，因此优先使用该子模型的结果。若类类关联子模型给出了多个结果（这种情况比较少），则使用字类关联子模型对这多个结果进行排序，取得分最高的一个作为结果输出。若类类关联子模型没有输出结果，则用字类关联子模型处理"包间"类词语，用序列标注子模型处理非"包间"类词语。

给定词语 w，

首先运用类类关联子模型，输出结果标记为 {C_1, C_2, $\cdots$, C_n}。

若 n=1，则 C（w）=C_1。

若 n>1，根据字类关联子模型输出的得分将 {C_1, C_2, $\cdots$, C_n} 降序排列，C（w）= Argmax（C_i）。

如果 n=0：

对于"包间"类词语，使用字类关联子模型；

对于非"包间"类词语，使用序列标注子模型。

图 6.1　模型 1 步骤说明

---

① *表示任意汉字，可以是一个，也可以是多个。

6.3　双向平行类推规则与成对替换类推规则的分析

通过分析大量规则的实例发现，双向平行类推规则的反例可以分成两类。

第一类（简称为 ParaError1），正例和对应的反例分别对应两条（也可能多于两条）独立的规则，两条规则的正例同时是对方的反例，两条规则形式要求相同。例如，"X（Cb25）＋市"的形式对应两条规则，分别是"X（Cb25）＋市->Di02"（指一般市级城市包括外国城市，如"安阳市、巴黎市、蚌埠市、包头市、保定市"）和"X（Cb25）＋市->Cb25"（指省会城市，如"合肥市、济南市、昆明市、拉萨市、兰州市"），这两条规则的正例同时是对方的反例。在多数情况下，这一类规则都是由于词典在不同的地方分类标准和尺度不一造成的。比如上述这两条规则对应的词语中 X（包括一般市级城市名和省会城市名）在单独成词时归成了同一类，但是"X＋市"却分成了两类。通过统一分类标准和尺度可以消除此类规则的反例，或者将对应的规则合为一个规则，或者将之分解为两个形式要求不同的规则，从而消解形式要求上的歧义。

第二类（简称为 ParaError2），反例是由于词典编纂错误产生的。例如，对于"瓷+X（Bp07）->瓷 X（Bp07）"这条规则来说，有两个正例"瓷杯、瓷碗"和一个反例"瓷盘"。这个反例正是由于词典编纂的问题带来的，"瓷盘"应与"瓷杯、瓷碗"同类，而不是像《词林》中所标注的那样与"瓷、黑瓷、青瓷、细瓷"同类。

成对替换类推规则的反例可以分为三类。第一类，替换成分具有多个义项，两个替换成分在某一个义项上语义类相同，在其他义项上语义类并不相同。比如"局、部"这一对替换成分都有一个义项属于 Di09 类，因此形成一条成对替换类推规则，所构成的词对如"安全局 安全部 Dm01 财务局 财务部 Di09 财政局 财政部 Dm01　 电力局 电力部 Dm01　 发展局 发展部 Di09"。但是在有些词中，"局、部"的义项不属于 Di09 类，因此形成这一规则的反例，如"残局 残部 None　大局 大部 None　东北局 东北部 None[①]"。

---

① "None"表示这一对词在《词林》中不属于共同的语义类，下同。由于无法判断在一个多字词中"局、部"的义项和语义类，因此在寻找第 109 条成对替换类推规则的反例时，只能假设所有以"局、部"结尾的字都属于 Di09 类。这一假设对于正例来说多数情况下是正确的，对于反例来说则在很多情况下都是错误的。这样做并不会妨碍抽取可靠的成对替换规则，但是由于反例的误判会使我们不得不放弃一些比较可靠的规则，从而降低了规则抽取的召回率。

第二类，一对替换成分之间具有反义或对义关系，具有这种关系的一对词语在《词林》中有时被处理成一类，有时被处理成两类。例如，"上、下"这一对替换成分形成一条成对替换类推规则，有 53 对正例（如"上游 下游 Cb10　上院 下院 Dm01　　上肢 下肢 Bk08　　上中农 下中农 Ae07　　上装 下装 Hg02　　上颚 下颚 Bk04"）和 22 对反例（如"上人 下人 None　　上马 下马 None　　上家 下家 None　　上手 下手 None"）。反义词或对义词有时归为同一个类（形成正例），有时分成两个类（形成反例），这也是语义词典需要进一步改进的地方。

第三类（简称为 PairError3），反例是由于词典编纂错误产生的。

6.4　实　　验

6.4.1　实验设置

本章的实验使用了三个公开的电子资源，分别是北京大学计算语言学研究所的《人民日报》标注语料库、哈尔滨工业大学信息检索研究中心的《词林》、董振东先生的《HowNet》。本章所使用的《人民日报》标注语料库包含 1998 年 1 月至 6 月《人民日报》的语料。所使用的《词林》含有 7 万多词，分为 12 个大类，94 个中类，1428 个小类，其中名词分为 4 个大类，49 个中类。

为了与前人的研究结果相比较，依照 Lu（2007）所述的程序来构建测试集。具体步骤如下。

（1）挑选同时出现在 1998 年 1 月份《人民日报》标注语料库和《词林》中的词语，共计 35151 个词。

（2）将这些词中词类不属于名词、动词和形容词的去掉，形成集合 TSALL。

（3）从 TSALL 中挑选 3000 个词语，从出现次数在 1 到 3 之间的词语中挑选 1000 个，从出现次数在 3 到 7 之间的词语中挑选 1000 个，从出现次数在 7 以上的词语中挑选 1000 个，设这 3000 个词语所构成的集合为 TS1，将出现在 TS1 中的词语从 TSALL 中去掉。

（4）重复（3）九次，分别生成 TS2、TS3、TS4、TS5、TS6、TS7、TS8、TS9、TS10。

TS1~TS10 都是从词典中抽出来的，因此称为 IV（in-vocabulary）集合。除了这十个 IV 集合之外，还构建了一个 OOV（out-of-vocabulary）集合。具体步骤如下。

（1）挑选没有出现在 1998 年 1 月《人民日报》标注语料库和《词林》中而出现在 1998 年 2 月至 6 月《人民日报》标注语料库中的词语。

（2）将这些词中词类不属于名词、动词和形容词的去掉，形成集合 TSALL。

（3）从 TSALL 中挑选 2000 个词语，从出现次数在 1～3 词语中挑选 667 个，从出现次数在 3～7 词语中挑选 667 个，从出现次数在 7 以上的词语中挑选 666 个，设这 2000 个词语所构成的集合为 TSOOV。

（4）由标注人员为 TSOOV 中的每个词语标记一个合适的语义类，对应于《词林》中的小类[①]。

依据同样的方法，在《HowNet》上构建了十个测试集 TS1-TS10。

在下面的实验中，TS1 被用作开发集，用于调试算法和参数；TS2-TS10 和 TSOOV 被用作测试集。在处理每一个测试词时，使用 Remove-one 方法，即《词林》中除了这个测试词之外的所有其他词都用作训练数据。

在进行词语切分和词性标注时统一使用中国科学院计算技术所开发的 ICTCLAS 开源版[②]。该平台有源代码，通过修改程序，可以控制切分和标注的粒度，使得可以通过词语切分和词类标注获取词语的内部结构。条件随机场模型使用 Kudo 开发的 CRF++。

需要说明的是，在计算精度时，如果测试词属于多个语义类，自动标注的语义类与其中任何一个相同，即可认为标注正确。

6.4.2　SSM 方法在《词林》上的结果

根据 Lu（2007）所述，SSM 方法包括两个子模型，在测试时均使用了 Remove-one 方法，在处理每个测试词时均使用除该词之外所有词语的信息作为训练数据。语义词典中一个多义词语存在多个词条，因此 Remove-one 就可能指两种情况：第一种指去掉该词语的所有词条，称为 Remove-all-token 方法；第二种指去掉该词语的某一词条，称为 Remove-one-token。对于单义词，两种情况效果是一样的，去掉一个词条就等于去掉了所有词条；对于多义词，两种情况差别很大，去掉一个词条并没有彻底地将该词从训练信息中去掉。在计算精度时，只要计算出来的语义类与词语的任何一个语义类相同，即认为计算结果正确;在使用 Remove-one-token 时，由于该词语的其他语义类对应的词条仍然在训练语料中，因此很容易将其他词条对应的语义类作为测试词语的语义类，从而判断结果正确。

Lu（2007）没有明确地说明 Remove-one 的定义。本书重现了 SSM 方法的字类关联子模型，并分别尝试使用 Remove-one-token 和 Remove-all-token，起始位置、中间位置和结尾位置的权重系数分别为 0.49、0、0.51。结果如表 6.3

[①]　由于《词林》中每个小类都对应一个唯一的中类和大类，所以同时也得到了所有这些词语的中类和大类标记。

[②]　http://ictclas.org/Download.html。

所示。从表中所示结果可以发现，在使用 Remove-one-token 时，本书重现的结果与报告（Lu，2007）的结果非常接近；在使用 Remove-all-token 时，本书重现的结果却与报告（Lu，2007）的结果有 2.7%的差距。

表 6.3　SSM 方法字类关联子模型在《词林》IV 测试集上的结果

	开发集 F 值	测试集 F 值
Remove-all-token	0.561	0.545
Remove-one-token	0.591	0.578
报告（Lu，2007）的结果	0.586	0.582

Remove-one-token 不是彻底的 Remove-one 方法，它可能将测试语料和训练语料混到一起，是不合适的，因此，在后面重现 SSM 方法的实验以及实现模型 1 时，均采用 Remove-all-token 方法来产生训练数据。从表 6.3 可知，SSM 方法字类关联模型在九个《词林》测试集上的 F 值为 54.5%。

表 6.4 汇总了 SSM 方法规则子模型在《词林》IV 集合上的结果。这一子模型在《词林》上取得了 77.8%的正确率和 15.2%的召回率。由于 Lu 所总结的规则主要针对三字词和四字词，所以这一子模型在三字词和四字词上的效果要比在二字词上好得多。

表 6.4　SSM 方法规则子模型在《词林》IV 测试集上的结果

词长	开发集			测试集		
	正确率	召回率	F 值	正确率	召回率	F 值
2	0.799	0.097	0.173	0.796	0.103	0.183
3	0.847	0.382	0.527	0.752	0.343	0.471
4	0.733	0.244	0.367	0.827	0.277	0.412
全部	0.819	0.154	0.259	0.778	0.152	0.254

表 6.5 汇总了 SSM 方法混合模型在《词林》IV 集合上的结果，整体 F 值为 56.5%，与原文报告的 61.6%差距较大，估计主要是由于使用了 Remove-one-token 方法。这一结果相比于字类关联模型 54.5%的 F 值提高了 2%，这说明规则子模型还是比较有用的。

表 6.5　SSM 方法混合模型在《词林》IV 测试集上的结果

	开发集 F 值	测试集 F 值
Remove-all-token	0.580	0.565
报告（Lu，2007）的结果	0.623	0.616

6.4.3 模型 1 在《词林》IV 集上的结果

表 6.6 总结了模型 1 类类关联子模型在《词林》IV 集上的结果，包括正确率、召回率和 F 值。通过在开发集 TS1 上调试参数，双向平行类推中的正例数阈值 λ_p 对于双字测试词设置为 3，对于三字及三字以上测试词设置为 1；正例比例阈值 λ_n 设置为 0.65。该子模型取得了 78.7% 的正确率和 25.3% 的召回率，比 Lu 提出的规则子模型分别提高了 0.9% 和 10.1%。换言之，模型 1 类类关联子模型在保持正确率稳定的情况下将召回率提高了 10 个百分点。相比于 Lu 提出的规则子模型，模型 1 类类关联子模型的主要优势在于不仅能够处理三字和四字词语，而且能够很好地处理双字词语，正是在双字词语处理上的优势带来了召回率的大幅度提高。

表 6.6 模型 1 类类关联子模型在《词林》IV 集上的结果

词长	开发集			测试集		
	正确率	召回率	F 值	正确率	召回率	F 值
2	0.789	0.195	0.313	0.784	0.211	0.333
3	0.862	0.464	0.603	0.787	0.423	0.550
4	0.824	0.311	0.452	0.857	0.310	0.452
全部	0.814	0.249	0.381	0.787	0.253	0.383

表 6.7 汇总了 SSM 方法、SSM 方法字类关联模型、模型 1 类类关联子模型、模型 1 序列标注子模型、模型 1 以及类类关联子模型分别与字类关联子模型和序列标注子模型合并的结果。从表中可以看出，类类关联子模型在处理部分词语时能够得到 78.7% 的正确率；序列标注子模型结果稍好于字类关联子模型；类类关联子模型分别与序列标注子模型合并的结果（54.6%）稍好于与字类关联模型合并的结果（54.5%），比 SSM 方法的结果提高了 2% 左右，这些提高主要是由类类关联子模型相对于 Lu 方法规则子模型的优势所带来的。相对于 Lu 方法的结果，模型 1 的整体结果提高了 4.5%，其中 2% 是类类关联子模型带来的，2.5% 是序列标注子模型带来的。

表 6.7　各种方法在《词林》IV 集上的结果比较

模型	开发集			测试集		
	正确率	召回率	F 值	正确率	召回率	F 值
SSM	0.581	0.580	0.580	0.566	0.565	0.565
类类关联子模型	0.814	0.249	0.381	0.787	0.253	0.383
字类关联子模型	0.562	0.561	0.561	0.545	0.544	0.545
序列标注子模型	0.555	0.546	0.551	0.550	0.541	0.546
类类关联+字类关联	0.600	0.599	0.600	0.585	0.584	0.584
类类关联+序列标注	0.591	0.585	0.588	0.588	0.582	0.585
模型 1	0.619	0.618	0.619	0.610	0.609	0.610

6.4.4　模型 1 在《HowNet》IV 集上的结果

表 6.8 和表 6.9 分别总结了 Lu 方法规则子模型和模型 1 类类关联子模型在《HowNet》IV 集上的结果。总体上来说，模型 1 类类关联子模型相对于 Lu 方法规则子模型的优势仍然比较明显，正确率提高了 3.7%，召回率提高了 14%。与《词林》上的结果相比，两种模型结果均有一定程度的下降，在召回率大大提高的同时，正确率却明显地下降了。

表 6.8　SSM 方法规则子模型在《HowNet》IV 集上的结果

词长	开发集			测试集		
	正确率	召回率	F 值	正确率	召回率	F 值
2	0.747	0.139	0.234	0.717	0.134	0.226
3	0.755	0.356	0.484	0.743	0.375	0.498
4	0.818	0.529	0.643	0.767	0.333	0.461
全部	0.751	0.175	0.284	0.726	0.171	0.277

表 6.9 模型 1 类类关联子模型在《HowNet》IV 集上的结果

词长	开发集			测试集		
	正确率	召回率	F 值	正确率	召回率	F 值
2	0.758	0.283	0.412	0.755	0.285	0.414
3	0.810	0.449	0.577	0.795	0.467	0.588
4	0.750	0.529	0.621	0.767	0.333	0.461
全部	0.769	0.311	0.442	0.763	0.311	0.442

表 6.10 列举了各种模型在《HowNet》IV 集上的表现，相对于《词林》而言，各种方法的结果均有明显降低，但相对结果与《词林》上是一致的：序列标注子模型（50.5%）要优于字类关联子模型（49.1%）；模型 1 比 SSM 方法提高了 5.4%。

表 6.10 各模型在《HowNet》 IV 集上的结果比较

模型	开发集			测试集		
	正确率	召回率	F 值	正确率	召回率	F 值
SSM	0.525	0.525	0.525	0.510	0.510	0.510
类类关联子模型	0.769	0.311	0.442	0.763	0.311	0.442
字类关联子模型	0.503	0.502	0.502	0.492	0.491	0.491
序列标注子模型	0.515	0.507	0.511	0.510	0.500	0.505
类类关联+字类关联	0.550	0.550	0.550	0.534	0.534	0.534
类类关联+序列标注	0.558	0.555	0.557	0.548	0.544	0.546
模型 1	0.576	0.575	0.575	0.564	0.564	0.564

6.4.5 模型 1 在《词林》OOV 集上的结果

表 6.11 列举了各种模型在《词林》OOV 集上的测试结果，其中所用到的所有参数均与《词林》IV 集上使用的参数一致。结果表明在 OOV 集上，序列标注子模型（58.6%）要优于字类关联子模型（57.7%），模型 1 比 SSM 方法提高了 5%。

表 6.11 各方法在《词林》TSOOV 集上的结果比较

模型	正确率	召回率	F 值
SSM	0.597	0.597	0.597
类类关联子模型	0.762	0.265	0.393
字类关联子模型	0.577	0.577	0.577
序列标注子模型	0.623	0.619	0.586
类类关联+字类关联	0.609	0.609	0.609
类类关联+序列标注	0.643	0.642	0.642
模型 1	0.647	0.647	0.647

6.4.6 错误分析

模型 1 产生的错误可以分为以下几种。

第一种错误的原因：核心成分是多义成分，基于内部特征不足以消解歧义。例如，在《词林》中，以"头"为核心字的词有多个意思，"潮头 船头 磁头 机头 车头"是一类，"案头 城头 村头 墙头"是一类（还有其他许多类）。基于内部特征很难将这两类区分出来。模型 1 的许多错误都属于这一类。

第二种错误的原因：没有找到正确的核心成分。序列标注子模型假定名词以后字为核心，但事实上有许多名词是以前字为核心的。例如，在《词林》中"老太太 老婆婆 老大娘 老妈妈 老大妈 老家伙 老糊涂"属于一个小类（指老人），"老大妈"与"大妈"反而不是一类，如果以后字为核心字，这一类就很容易算错。

第三种错误的原因：词语内部结构不透明。对于内部结构不透明的词语，很难正确地判断其语义类，包括成语、专业术语、音译词、缩略语。比如"夸克"和"二噁英"都是这样的词。

第四种错误的原因：人工标注的结果不合理。比如在《词林》中"铁矿、银矿、铜矿"属于一类，"钼矿"却属于另一类。

第7章　结合内部与外部特征的
未登录词语义类自动标注

在英语未登录词语义类标注研究（Ciaramita and Johnson，2003；Curran，2005）中，所有方法都是基于外部特征的，没有基于内部特征的方法。这些方法都基于"分布假设（distributional hypothesis）"，即认为"意义相似的词语通常出现在相似的上下文中"。

汉语的相关研究则以基于内部特征的方法为主，同时有少量涉及上下文外部特征的方法，但一致的结论是上下文方法在汉语中表现欠佳，即使与基于结构的方法融合也不能带来任何提高（Chen and Lin，2000；Lu，2007）。

以上英汉研究中方法上的差别显然是汉语与英语在构词上的差别造成的。汉语中词语整体属性与词语成分属性存在密切的关联，因此基于内部特征的方法在汉语中表现良好也是很自然的事情。但是汉语学界多年的研究都证明基于上下文信息的分布在汉语中与在英语中没有太大区别，汉语学界一致认为分布是判断词类的主要特征，为什么上下文方法在汉语未登录词语义类标注这一任务上却无效或者说效果不佳呢？这显然是一个值得重新予以审视的结论。

前人的研究中，基于外部特征来判断汉语未登录词语义类仅能达到34%的精度（Chen and Lin，2000），而基于内部特征则能达到60%左右的精度，两种方法差距甚大。因此，要回答的第一个问题是：在汉语中基于外部特征（上下文）来判断未登录词语义类能达到多高的精度？其局限性在什么地方？

前人也进行了结合内部特征与外部特征进行汉语未登录词语义类的尝试（Lu，2007），Lu 的结合方法是一种松耦合的方法，首先用基于内部特征的方法产生五个候选语义类，然后用基于外部特征的方法为五个候选语义类排序，将得分最高的候选类作为最终的语义类。换言之，在 Lu 的结合方法中，基于外部特征方法仅用于对五个候选语义类排序，外部特征与内部特征并没有密切地结合在一起。该方法仅能达到37%的精度，远远低于基于内部特征方法60%的精度。因此，要回答的第二个问题是：在汉语中结合内部特征与外部特征能否取得比单独使用内部特征或外部特征更高的精度？

基于上述分析，本章提出一种简单、新颖而有效的方法（简称模型 2）来解决汉语未登录词语义类标注的问题。模型 2 是一种紧耦合的方法。基于外部特征的方法构成模型 2 的主体，使用外部特征来计算词语之间的相似度。基于内部特征的方法与基于外部特征的方法密切结合。内部特征被用于构建候选同类词集合，通过基于内部特征的过滤可以将候选同类词集合从整个词典（规模在数万词）减小为至多数百词，同时可以保证相当高的精度。另外，内部特征还用于对基于外部特征计算出来的相似度进行加权。

在模型 2 中，内部特征的使用主要基于成分相似假设（2.3.3 节）：

（1）汉语中多字词可以找到至少一个与之具有相同词类和语义类的词，而且前者与后者之间至少有一个共同字，这个共同字是两者语法和语义相近的纽带。

（2）两个词语之间共享的字越多，两者之间语法和语义越接近。

实验结果充分证明了模型 2 的有效性，同时也表明外部特征在汉语中同样是有效的，而且，由于汉语中内部特征与外部特征相辅相成、共同作用、相互影响，汉语的未登录词语义类标注能够取得远远优于英语中同一任务的结果（英语最好的研究结果是在 26 个类的标注任务上达到 68% 的精度，而本书的研究则在 49 个类的标注任务上达到 78% 左右的精度）。

7.1　结合内部特征与外部特征的模型（模型 2）

与前人的研究不同，本书认为内部特征和外部特征对于汉语未登录词语义类标注都是有用的。在这一认识的基础上，本章提出一个简单而有效的模型同时将内部特征和外部特征有效地利用起来，这一模型的基本思路如下。

给定一个未登录词 w 和一个语义词典 T：

（1）构建候选同类词集合。对 T 中所有词语进行字过滤（与 w 具有相同字）和词类过滤（与 w 词类相同），过滤所得的词语形成一个集合，称为候选同类词集合 CS（w）。

（2）上下文相似度计算。从一个语料库中抽取含有未登录词 w 以及 CS（w）中的所有词语的句子，包含每个词语的句子至多抽取 1000 个。设词语 w_1 的上下文为 CT（w_1），$w_1=w$ 或 $w_1 \in$ CS（w）。定义 w 与 $w_i \in$ CS（w）之间的上下文相似度为 sim（w, w_i）=λ（w, w_i）× CTS（w, w_i），其中 CTS（w, w_i）指直接由上下文计算而来的相似度，经过 λ（w, w_i）加权之后得到最终的相似度 sim（w, w_i）。

（3）K 最近邻分类。设 SS（w_i）为候选同类词集合 CS（w）中所有词语对应的语义类集合。使用一个 K 最近邻分类器从 SS (w_i) 中选择一个最合适的语义类作为测试词 w 的语义类。

接下来将对上述三个步骤进行详细的说明。

7.1.1 构建候选同类词集合

大多数汉字都是有意义的，比如"民"指人，"队"指团体，"器"指工具；许多多字词意义与作为其成分的汉字意义密切相关。给定一个语义类已知的词语 w，如果另一个词语 w_i 与 w 语义类相同且至少含有一个相同的字，称 w_i 为 w 的同类共字词；相应地，称与 w 至少含有一个相同的字的词为 w 的共字词；前者通常是后者的子集。由于词与成分字之间关系密切，许多多字词都有一定数量的同类共字词。例如，在《词林》中，"基民"这个未登录词就有一批同类共字词，如"农民、牧民、渔民"，都表示从事某一类职业的人。统计表明96%以上的未登录词都有一个或一个以上的同类共字词（表7.3）。

根据上述观察，在猜测未登录词 w 的语义类时，第一步就是找出 w 的共字词，作为候选同类，形成候选同类词集合。这一集合中存放的候选同类词事实上也是候选同类共字词，本书的方法无法找出与 w 同类而不共字的词。现有的语义词典一般规模在 8 万左右，构建候选同类词集合的过程可以将计算规模显著缩小，候选同类词的规模一般在 500 以下。

具体来说，构建候选同类词集合的过程如下：给定一个未登录词 w 和一个语义词典 T，从 T 中找出 w 的所有共字词，形成候选同类词集合 CS (w)。比如，给定一个未登录词"爱国会"和一个语义词典《同义词词林》，则《同义词词林》中所有含有"爱""国""会"的词语，如"爱护、爱情、恋爱""国家、美国、爱国""国会、学会、会长"都是"爱国会"的共字词，它们都被放到候选同类词集合 CS (w) 中。

除了上述过程之外，构建候选同类词集合的过程还可以加上一个基于词类过滤的操作。假定已知未登录词 w 的词类[①]，基于词类过滤的操作将候选同类词集合 CS (w) 与测试词 w 词类不同的词过滤掉。假定未登录词"爱国会"为名词，则其共字词"爱护、爱国"将被过滤。实验假定未登录词词类已知，因此构建候选同类词集合的过程总是包含词类过滤这一操作。

7.1.2 上下文相似度计算

在计算上下文相似度的过程中，有三个比较重要的步骤：上下文抽取，上下文表示和相似度计算。下面将对这三个步骤一一说明。

---

① 未登录词词类标注是另外一个工作，可以先于语义类标注进行，参见本书第 5 章。

1. 上下文抽取

在抽取词语的上下文时，本书尝试了两种方法，分别是基于窗口的方法和基于依存分析的方法。

给定词语 w，基于窗口的方法选择在一个句子中出现在 w 前后一定窗口范围内的词语作为 w 的上下文。Lu（2007）考察了窗口大小变化对上下文相似度计算的影响，其考察范围从 6 到 100（窗口为 6，则以 w 前后各不超过 3 个词为上下文；窗口为 100，则以 w 前后各不超过 50 个词为上下文），考察结果表明窗口大小为 6 时效果最佳。本书实验也证明了这一结论，因此在本章的实验部分，直接选择 6 作为基于窗口方法抽取上下文时的窗口大小。

给定词语 w，基于依存分析的方法选择一个句子中与 w 具有直接依存关系的词语及依存关系类型作为 w 的上下文。依存关系是一个词语与其修饰语之间的二元非对称关系（Hudson，1984），词语 w 的局部上下文可以表示为一些形如 (w, r, w') 的三元组，其中 w' 是在当前句子中与 w 具有 r 这种依存关系的词语。w 可以是核心词，也可以是修饰语。本书使用哈尔滨工业大学信息检索研究中心 LTP 平台的依存句法分析体系（表 7.1[①]）。

表 7.1　哈尔滨工业大学依存句法标注体系及其含义

关系	符号	关系	符号
定中关系	ATT（attribute）	"的"字结构	DE
数量关系	QUN（quantity）	"地"字结构	DI
并列关系	COO（coordinate）	"得"字结构	DEI
同位关系	APP（appositive）	"把"字结构	BA
前附加关系	LAD（left adjunct）	"被"字结构	BEI
后附加关系	RAD（right adjunct）	状中结构	ADV（adverbial）
比拟关系	SIM（similarity）	动宾关系	VOB（verb-object）
语态结构	MT（mood-tense）	主谓关系	SBV（subject-verb）
独立结构	IS（indep.structure）	连动结构	VV（verb-verb）
动补结构	CMP（complement）	关联结构	CNJ（conjunctive）
介宾关系	POB（prep-obj）	独立分句	IC（indep.clause）
核心	HED（head）	依存分句	DC（dep.clause）

在一个句子中，一个词语可能与上下文中的多个词语之间存在依存关系。比如"那个男孩遇到了一只棕色的狗"这个句子中（图 7.1），"遇到"这个词

---

① 参见 http://ir.hit.edu.cn/demo/ltp/。

的上下文包括三个三元组（遇到，SBV，男孩）、（遇到，MT，了）、（遇到，狗，VOB）。对含有一个词语的所有句子进行依存句法分析，之后将所有这些句子中与该词语相关的三元组作为其上下文。为了表示方便，在系统中和下文的举例中将这些三元组表示为"男孩/SBV、了/MT、狗/VOB"。

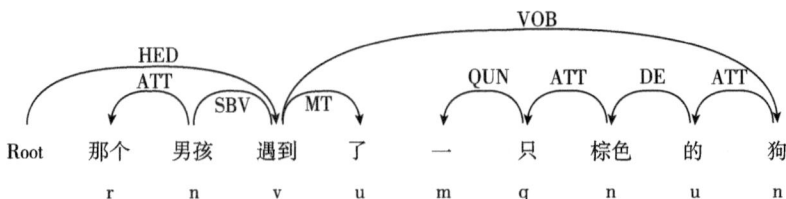

图 7.1　依存句法分析示例

2. 上下文表示

词语 w 的上下文可表示为向量$<v_1, v_2, \cdots, v_n>$，其中 n 为上下文词语的总数，v_i 指第 i 个上下文词的权值。在计算向量的权值时，TFIDF、BOOL、PMI 和 IDF 是比较常用的权值计算方法。

给定测试词语 w="公安局长"和两个候选同类词 w_1="代市长"、w_2="科技局"。三个词语部分上下文词的频次如表 7.2 所示（由于篇幅所限，表中仅列举了部分上下文）。例如，"财政局/COO"这一列表示"财政局"与"公安局长"并列出现的次数为 0，"财政局"与"代市长"并列出现的次数为 0，"财政局"与"科技局"并列出现的次数为 1。w、w_1 和 w_2 分别有 78、115 和 642 上下文词，其中 w 和 w_1 共同的上下文词为 12 个，w 和 w_2 共同的上下文词为 22 个。

表 7.2　上下文词语频次示例

	市/ATT	为/POB	武汉市/ATT	一个/QUN	财政局/COO	加盟/SBV
w=公安局长	8	1	1	3	0	0
w_1=代市长	1	2	0	1	0	0
w_2=科技局	295	1	6	0	1	2

3. 上下文词语权重的计算

本书尝试了图 7.2 中的 7 种权重计算方法：BOOL、TFIDF、BMTFIDF、IDF、BMIDF、TTEST、PMI。在这些方法中，w 表示测试词或训练词，c 指上下文词，$tf(w,c)$ 指 c 作为 w 的上下文出现的频次，$df(c)$ 指以 c 作为上下文的训练词和测试词的数量，$|d|$指 w 的上下文词语的数量（出现多次的上下文词语算

一个），avgdl 指所有测试词和训练词|d|值的平均值，N 指训练词和测试词的总数，$P(w)$、$P(c)$ 分别指语料库中 w、c 的出现概率，$P(w,c)$ 指 w 和 c 共现的概率，k_1 和 b 两个参数的值分别为 2.0 和 0.75。

BOOL: 布尔值（出现为 1，不出现为 0）

$$W_{\text{TFIDF}}(w,c) = tf(w,c)\log\left(\frac{N}{df(c)}\right) \tag{7.1}$$

$$W_{\text{BT}}(w,c) = \log\frac{N-df(c)+0.5}{df(c)+0.5} \times \frac{(k_1+1)\times tf(w,c)}{k_1\left((1-b)+b\dfrac{|d|}{\text{avg}d1}\right)+tf(w,c)} \tag{7.2}$$

$$W_{\text{IDF}}(c) = \log\left(\frac{N}{df(c)}\right) \tag{7.3}$$

$$W_{\text{BMIDF}}(c) = \log\frac{N-df(c)+0.5}{df(c)+0.5} \tag{7.4}$$

$$W_{\text{TTEST}}(w,c) = \frac{P(w,c)-P(w)P(c)}{\sqrt{p(w)P(c)}} \tag{7.5}$$

$$W_{\text{PMI}}(w,c) = \log\frac{P(w,c)}{P(w)P(c)} \tag{7.6}$$

图 7.2 权重计算方法

4. 相似度计算

w 与 $w_i[w_i \in \text{CS}(w)]$ 的上下文相似度定义为 sim$(w,w_i) = \lambda(w,w_i) \times$ CTS(w,w_i)，其中 CTS(w,w_i) 指原始相似度，sim(w,w_i) 在 CTS(w,w_i) 的基础上经过 $\lambda(w,w_i)$ 的加权。

原始相似度 CTS(w,w_i) 使用夹角余弦距离来计算，如式（7.7）所示。其中 n 指两个向量的长度，v_j 和 v_{ij} 分别指 w 和 w_i 的第 j 个上下文词的权重。

$$\text{CTS}(w,w_i) = \frac{\sum_{j=1}^{n} v_j v_{ij}}{\sqrt{\sum_{j=1}^{n} v_j^2}\sqrt{\sum_{j=1}^{n} v_{ij}^2}} \tag{7.7}$$

式（7.7）中 $\lambda(w,w_i)$ 这一部分表示根据测试词与训练词成分相似的情况对相似度进行加权，其基本思想是成分相似假设（参见 2.3.3 节）。以下称为成分相似加权规则，具体内容如下。

（1）如果 w 和 w_i 最后两个字相同，则 $\lambda(w,w_i) = \lambda_1$。例如，$w$=铝合金，$w_i$=铁合金，则 $\lambda(w,w_i) = \lambda_1$。

（2）如果 w 和 w_i 第一个和最后一个字相同，则 $\lambda(w,w_i) = \lambda_2$。例如，$w$=电机厂，$w_i$=电器厂，则 $\lambda(w,w_i) = \lambda_2$。

（3）如果 w 和 w_i 第一个或最后一个字相同，则 $\lambda(w,w_i) = \lambda_3$。例如，$w$=

基民，w_i=市民，则λ（w, w_i）=λ_3。

（4）否则λ（w, w_i）=λ_4。

一般情况下，$\lambda_1 \geqslant \lambda_2 \geqslant \lambda_3 \geqslant \lambda_4$。

7.1.3 K 最近邻分类

参照给定的未登录词 w 和语义词典 T，候选同类词集合 CS（w）中的每个词 w_i 都有至少一个语义类 SS（w_i），CS（w）中属于同一个语义类 SS（w_i）的词可能有多个。因此，使用 K 最近邻分类获取最佳语义类的步骤如下所示。

（1）将相似度 sim（w, w_i）降序排列。

（2）保留值最高的 K 个相似度不变，将 K+1 之后的所有相似度置为 0。

（3）选取 CS（w）中所有词语对应的语义类形成语义类集合{SS（w_i）}。对于{SS（w_i）}中的任意一个语义类 s_j，设该类与 w 的相似度为 sim（s_j），并且 sim（s_j）=$\sum$sim（w, w_i），其中 SS（w_i）= s_j。

（4）设相似度值最高的为 Argmax[sim（s_j）]，将该值对应的语义类作为 w 的语义类。

若 CS（w）中的某个词语属于多个语义类，则将其分解为多个词语，每个词语对应一个语义类。

7.2　实　　验

7.2.1　实验设置

本章的实验使用了两个公开的电子资源，分别是北京大学计算语言学研究所的《人民日报》标注语料库和哈尔滨工业大学信息检索研究中心的《词林》。关于这些数据的详细介绍可参见第 6.4.1 节。

除了这两个电子资源之外，还收集了一个未经标注的新闻语料库，包含 2 千万个句子，以下简称为 Raw-Corpus。这些新语料库下载于 www.xinhuanet. com、news.sina.com.cn、news.sohu.com、news.cctv.com 等网站。

为了与前人的研究结果相比较，本书依照 Lu（2007）所述的程序来构建测试集。具体步骤如下。

（1）挑选同时出现在 1998 年 1 月份《人民日报》标注语料库和《词林》中的词语，共计 35151 个词。

（2）将这些词中词类不属于名词、动词和形容词的去掉，形成集合 TSALL。

（3）从 TSALL 中挑选 3000 个词语，从出现次数在 1～3 的词语中挑选 1000

个，从出现次数在 3～7 的词语中挑选 1000 个，从出现次数在 7 以上的词语中挑选 1000 个，设这 3000 个词语所构成的集合为 TS1。

（4）将出现在 TS1 中的词语从 TSALL 中去掉，然后重复（3），选择 3000 个词语，该集合称为 TS2。

以上两个集合都是从词典中抽出来的，因此称为 IV 集合。除了这两个 IV 集合之外，还构建了一个 OOV 集合。具体步骤如下。

（1）挑选没有出现在 1998 年 1 月《人民日报》标注语料库和《词林》中而出现在 1998 年 2 月～6 月《人民日报》语料库中的词语。

（2）将这些词中词类不属于名词、动词和形容词的去掉，形成集合 TSALL。

（3）从 TSALL 中挑选 2000 个词语，从出现次数在 1～3 的词语中挑选 667 个，从出现次数在 3～7 的词语中挑选 667 个，从出现次数在 7 以上的词语中挑选 666 个，设这 2000 个词语所构成的集合为 TS3。

（4）由标注人员为 TS3 中的每个词语标记一个合适的语义类，对应于《词林》中的小类①。

在下面的实验中，TS1 被用作开发集，用于调试算法和参数；TS2 和 TS3 被用作测试集。在处理每一个测试词时，《词林》中除了这个测试词之外的所有其他词都用作训练数据。对于《词林》和 TS3 中的每一个词语，从 Raw-Corpus 中抽取至多 1000 含该词语的句子用于上下文抽取。为了去除噪声数据，在抽取句子时，短于 25 字的句子将会被删除。

接下来对抽取出来的所有句子进行词语切分和依存句法分析。在进行词语切分和依存句法分析时统一使用哈尔滨工业大学信息检索研究中心开发的 LTP 2.0 平台的分词模块和依存句法分析模块②。该平台支持用户词典，允许用户添加未登录词。

在计算精度时，如果测试词属于多个语义类，自动标注的语义类与其中任何一个相同，即认为标注正确。

7.2.2　基线、上限和前人的最好方法

除了模型 2 之外，在 TS1、TS2、TS3 上实验了一个基线模型、两个前人研究中的最好方法[分别是 Curran（2005）基于外部特征的方法和 Lu（2007）基于外部特征的方法]，并计算了模型 2 的上限。

---

① 由于《词林》中每个小类都对应一个唯一的中类和大类，因此同时也得到了所有这些词语的中类和大类标记。

② http://ir.hit.edu.cn/demo/ltp/。

本书所使用的基线模型（baseline model）步骤如下。

（1）给定测试词 w，使用字过滤与词类过滤构建候选同类词集合 CS（w）。

（2）设 CS（w）中的所有词语与 w 之间的相似度均为 1。

（3）使用 KNN 分类为 w 获取一个最佳语义类。

本书计算上限的方法步骤（topline model）如下。

（1）给定测试词 w，使用字过滤与词类过滤构建候选同类词集合 CS（w）。

（2）如果 CS（w）中任意一个词的语义类与 w 相同，即可认为标注结果是正确的。

基于外部特征的最佳方法（state-of-art context-based method，简称 SCM）：Curran（2005）所提出的方法是迄今为止最好的基于外部特征的方法，本书实现了这一方法并称为 SCM 方法，该方法使用 TTEST 来计算上下文词语的权重。

基于内部特征的最佳方法 SSM：Lu（2007）的基于内部特征的方法是前人研究中最好的基于内部特征的方法，本书实现了这一方法并称为 SSM 方法。该方法包括一个基于规则的模型和一个字类关联模型。该文还实现了一个基于上下文的模型，并将之与前两个模型结合起来，但效果不佳，因此 SSM 方法仅包括前两个模型，不包括这个基于上下文的模型。

7.2.3 实验结果

1. 模型 2 与其他方法的比较

下面，将模型 2 的结果与基线模型、上限、SCM 和 SSM 的结果进行比较。模型 2 使用的参数为：$K=20$，$\lambda_1=10$，$\lambda_2=10$，$\lambda_3=0.4$，$\lambda_4=1$，上下文抽取使用基于窗口的方法，权重计算方法使用 PMI。为了便于与英文中的研究结果相对照，还进行了名词类未登录词 49 个中类的分类实验。但如果没有特别说明，语义类分类的类别为《同义词词林》中的 1428 个小类。在 KNN 中，如果一个训练词是多义词，那么它的每一个语义类都会被计算一次。在计算精度时，如果一个测试词是多义词，那么自动判断的语义类只要与测试的任何一个语义类相同，都认为判断正确。表 7.3 给出了五种方法的比较结果。

表 7.3 模型 2 与其他方法的比较

方法	数据	小类（1428 类）			中类 （名词 49 类）		
		正确率	召回率	F 值	正确率	召回率	F 值
基线模型	TS1	0.483	0.482	0.482	0.560	0.559	0.559
	TS2	0.458	0.458	0.458	0.554	0.554	0.562
	TS3	0.520	0.520	0.520	0.562	0.562	0.562

方法	数据	小类（1428 类）			中类　（名词 49 类）		
		正确率	召回率	F 值	正确率	召回率	F 值
上限	TS1	0.982	0.981	0.981	0.996	0.995	0.995
	TS2	0.981	0.980	0.980	0.997	0.997	0.997
	TS3	0.966	0.966	0.966	0.985	0.985	0.985
SCM（Curran, K=10）	TS1	0.434	0.429	0.431	0.578	0.568	0.573
	TS2	0.428	0.422	0.425	0.564	0.551	0.557
	TS3	0.453	0.453	0.453	0.492	0.492	0.492
SSM（Lu）	TS1	0.581	0.580	0.580	0.715	0.712	0.713
	TS2	0.562	0.561	0.561	0.694	0.691	0.692
	TS3	0.597	0.597	0.597	0.737	0.737	0.737
模型 2	TS1	0.682	0.680	0.681	0.803	0.802	0.802
	TS2	0.671	0.671	0.671	0.767	0.767	0.767
	TS3	0.678	0.678	0.678	0.790	0.790	0.790

由此表可以看出，模型 2 的结果相对于基线模型以及前人提出的两个方法 SCM 和 SSM 都有较大幅度的提高，比 SSM、基线模型和 SCM 分别提高了 10%（8%～11%）、20% 和 25% 左右。SCM 的结果甚至还不如基线模型。需要说明的是，基线模型中使用了基于字和词类的过滤来构建候选同类词集合，而 SCM 则是纯粹基于外部特征的方法，这说明简单地使用内部特征就可以获得比单纯使用外部特征更好的结果。SSM 方法则使用了较多的内部特征，因此比 SCM 方法和基线模型均有一定幅度的提高。总体上来说，在汉语未登录词语义类标注中，由于词语成分与词语整体属性关系密切，所以基于内部特征方法的可靠性要远高于单纯使用外部特征的方法。模型 2 成功地结合了内部特征和外部特征，获得了比单独使用内部特征或外部特征均要好许多的结果。

基线模型在 TS1、TS2、TS3 上可以得到至少 45% 的正确率（表 7.3），这一结果已经要远远优于英语中比较好的方法的结果［如前所述，Pekar 和 Staab（2003）将英语名词分到 137 个类中的正确率为 35.1%］。TS1、TS2、TS3 的上限正确率都在 96% 以上，这表明 96% 以上的词语都可以找到至少一个同类共字词，因此模型 2 中所使用的字过滤和词类过滤是可靠的，在大幅度降低计算开销的情况下没有导致精度的显著降低。

2. 权重计算方法的比较

为了选择合适的权重计算方法，实现了模型 2 的七个变体，每一个变体分别使用一种权重计算方法,其他参数与前面模型 2 的参数设置相同(K=20, λ_1=10, λ_2=10, λ_3=0.4, λ_4=1,上下文抽取使用基于窗口的方法),七个变体在 TS1 上的结果参见表 7.4。实验结果表明,PMI 是七种方法中表现最好的,文献(Lu, 2007)也表明 PMI 要好于 TTEST,尽管其精度仅有 37%左右。在传统信息检索中表现最好的 BMTFIDF 在这里性能也不错,仅次于 PMI;在传统信息检索中 TFIDF 通常要优于 IDF,但是在这里 IDF 却要好于 TFIDF。

表 7.4　权重计算方法的比较

权重计算方法	小　类		
	正确率	召回率	F 值
BOOL	0.626	0.625	0.625
TFIDF	0.630	0.629	0.629
TTEST	0.637	0.627	0.632
BMIDF	0.664	0.663	0.663
IDF	0.666	0.665	0.665
BMTFIDF	0.671	0.670	0.670
PMI	0.682	0.680	0.681

3. KNN 分类中 K 值的影响

图 7.3 显示了模型 2 三个变体在 TS1 上的 F 值随 KNN 中 K 值变化而变化的曲线,X 轴为 K 值,Y 轴为 F 值。K 的取值范围从 1 到 80。在三个变体中,权重计算方法分别选用 PMI、BMTFIDF、TTEST,其他参数与前面模型 2 的参数设置相同(K=20, λ_1=10, λ_2=10, λ_3=0.4, λ_4=1,上下文抽取使用基于窗口的方法)。

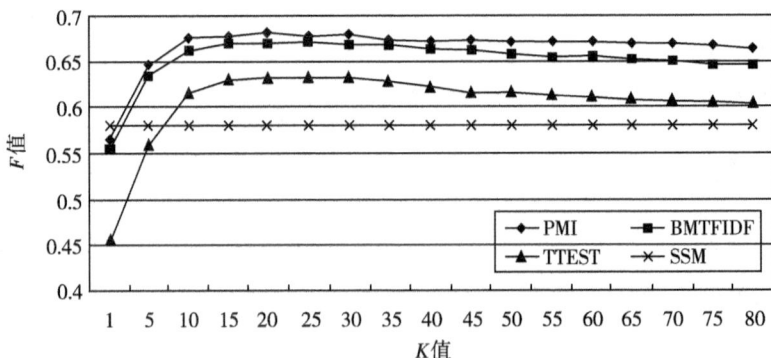

图 7.3　模型 2 F 值随 K 值变化曲线（0<K<80）

从此图中可以看出，使用 PMI 的变体在 $K=20$ 时获得最佳结果，BMTFIDF 和 TTEST 则在 $K=25$ 时得到最佳结果。$K>10$ 之后，三个变体的结果都优于 SSM。$K>35$ 之后，三个变化的结果都有一定程度的下降，主要是由于不可靠的候选同类词增多而造成的。

4. 候选同类词构建过程、成分相似加权规则和上下文抽取策略的影响

除了 KNN 中的 K 值和权重计算策略之外，模型 2 的结果还会受到三个选项的影响，即是否使用候选同类词构建过程、是否使用成分相似加权规则和上下文抽取策略采取基于窗口的策略还是基于依存的策略。为了验证这些选项的重要性及重要程度，本书实现了几个模型 2 的变体。第一个变体使用与前面模型 2 完全相同的参数，即最佳参数 $K=20$，$\lambda_1=10$，$\lambda_2=10$，$\lambda_3=0.4$，$\lambda_4=1$，上下文抽取使用基于窗口的方法，权重计算方法使用 PMI。下面的其他变体分别在第一个变体的基础上修改了一个或几个参数。其中，第二个变体使用基于依存的方法代替了基于窗口的方法，第三个变体将 λ_1、λ_2、λ_3 均设置为 1（即不使用成分相似加权规则），第四个变体中去掉了候选同类词构建过程并且将 λ_1、λ_2、λ_3 均设置为 1。四个变体在 TS1 上的结果如表 7.5 所示。

表 7.5 模型 2 中三个选项的比较

选项	小类		
	正确率	召回率	F 值
最佳参数	0.682	0.680	0.681
不使用候选同类词构建过程	0.633	0.633	0.633
$\lambda_1=1$, $\lambda_2=1$, $\lambda_3=1$, $\lambda_4=1$	0.664	0.663	0.663
不使用候选同类词构建过程, $\lambda_1=1$, $\lambda_2=1$, $\lambda_3=1$, $\lambda_4=1$	0.461	0.461	0.461
上下文抽取采用基于依存的策略	0.670	0.668	0.669

从此表中可以看出，候选同类词构建过程和成分相似加权规则对结果的影响都非常大，当两者都不使用时，系统性能急剧下降，F 值从 68.1%下降到 46.1%，仅比 SCM 的结果好几个百分点。这一结果不仅表明模型 2 在结合内部特征和外部特征方面是有效的，而且说明单独基于外部特征的方法不可能取得比单独基于内部特征的方法（如 SSM）更好的结果。需要说明的是，候选同类词构建过程和成分相似加权过程都是基于成分相似假设的，它们的影响具有一定的交叉性，因此单独去掉其中的一个时系统性能并不会显著下降。

至于上下文抽取策略，基于窗口的方法表现要稍好于基于依存的策略。Curran（2005）使用的是基于依存的策略，显然该文认为基于依存的策略要好于基于窗口的策略。本书认为这种截然相反的结论应该是由于依存句法分析器

本身的性能差异造成的。由于汉语中词与词之间没有明显的分隔符而且也缺乏形态标记，这些都给汉语的句法分析带来了相当大的难度，因此到目前为止汉语自动依存句法分析的精度要比英文低 10%左右（Che et al., 2009）。

7.2.4 错误分析与讨论

1. 错误分析

分析模型 2 在测试中的错误，发现可以大略地将之归纳为四个类别。

第一类：给定一个未登录词 w 和一个语义词典 T，在 T 中与 w 至少有一个相同字的词的数量为 0，即共字词数量为 0。三个集合 TS1、TS2、TS3 中，属于第一类的词语分别有 4、2、0 个。例如，TS1 中的 4 个词语为"匍匐、氤氲、伉俪、窈窕"，均为联绵词。

第二类：给定一个未登录词 w 和一个语义词典 T，在 T 中与 w 语义类相同并且至少有一个相同字的词的数量为 0，即同类共字词数量为 0。这一类词虽然有共字词，但并不与 w 同类。三个集合 TS1、TS2、TS3 中，属于第二类的词语分别有 83、80、82 个。这个统计结果是在考虑所有共字词的情况下得到的，由于模型 2 中 KNN 分类时最佳 K 值为 20，在这种情况下，属于第二类的词语数量会大量增加。

第三类：所测试的未登录词在 Raw-Corpus 中没有出现。由于这些词语根本没有出现，所以也无法抽取表示其用法的句子，以致无法计算其与候选同类词之间的上下文相似度，只能退化到使用候选同类词的数量来判断测试词的类别。三个集合 TS1、TS2、TS3 中，属于第三类的词语分别有 39、32、85 个。例如，在 TS1 中的 39 个词语为"无头表、赈济款、掀腾、翕张、协办员、鱼款、瞻仰厅、暂存处、维和费、谣琢、尊姓、贴慰、百花莲、公财、纪寿、防冻棚、勾留、不管部长、茶色素厂、固定岗、福利楼、脑门穴、史河、柔曼、水晶棺、伞罩、水管员、砂枪、穹隆式、年度、金栀、列伊、紧急灯、疏淤、疏导岗、鸣谢碑、荞麦窝、生肖印、民航史、生态乡"。

第四类：给定一个未登录词 w 和一个语义词典 T，在 T 中存在与 w 语义类相同且至少有一个共同成分字的词语，但上下文相似度方法不足以将正确语义类与错误语义类区分出来。大多数错误属于第四类。

2. 与 SSM 和 SCM 方法的比较

上述实验结果表明，本章提出的模型 2 相比于前人的方法有较大幅度的提高，在此将之与汉语中最好的方法（Lu, 2007）和英语中最好的方法（Curran, 2005）相比较，以解释模型 2 取得优势的原因。

　　Lu（2007）首先尝试了外部特征与内部特征结合使用的方法。其思路是：由基于内部特征的混合模型给出五个候选语义类，然后计算测试词语与五个候选语义类之间的上下文相似度（用某一候选语义类的所有词语的上下文来代表该语义类的上下文），将相似度最高的语义类作为测试词语语义类的标注结果。本章所提出的模型 2 与 Lu 方法有以下几点不同。

　　（1）模型 2 使用字过滤与词类过滤的方法来产生候选同类词，数目从几个到几百个，上限正确率为 96%以上；Lu 方法使用基于内部特征的方法来产生至多 5 个候选语义类，上限正确率为 85%左右。

　　（2）模型 2 计算的是测试词语与候选词语之间的相似度，之后再使用 KNN 的方式来获取最优语义类；Lu 方法直接计算测试词语与候选语义类之间的相似度，用某一候选语义类的所有词语的上下文来代表该语义类的上下文。

　　（3）模型 2 使用基于内部特征的规则对基于外部特征的计算结果进行加权，这一步骤估计带来了 3 个百分点以上的提升；Lu 方法未进行类似操作。

　　Curran（2005）仅使用了外部特征，其基本思路是：计算测试词语与词典中所有词语之间的上下文相似度，取相似度最高的五十个，使用 KNN 方法选择一个最可能语义类作为测试词的语义类。这一方法对于每个测试词都要计算它与《WordNet》中近十万个词语之间的相似度。本书所提出的模型 2 与该方法有以下几点不同。

　　（1）模型 2 使用字过滤与词类过滤的方法来产生候选同类词，数目从几个到几百个，仅计算测试词与这些候选同类词之间的相似度，然后再从中选择 K 个（20 个）相似度最高的用于确定测试词的语义类；Curran 方法计算测试词与词典中所有词（近十万个）之间的相似度，从中选择 50 个用于确定测试词的语义类。实验表明模型 2 所使用的字与词类过滤在大幅度减少候选词的同时，精度上基本没有什么损失。

　　（2）模型 2 使用 PMI 来计算上下文特征的权重；Curran 方法使用 TTEST 方法，这一区别估计带来了 4 个百分点以上的提升。

　　（3）模型 2 使用基于内部特征的规则对基于外部特征的计算结果进行加权，这一步骤带来了 3 个百分点以上的提升；Curran 方法未进行类似操作。

　　3. 缩略语、音译词的语义类标注

　　缩略语与音译词是两类比较特殊的词语，其成分意义与整体意义通常没有直接的联系。比如缩略语"北大"中"北"没有"北京"的意思，"大"也没有"大学"的意思，音译词"沙发"中"沙、发"与"沙发"的整体意义也没有关系。因此，通常很难用内部特征来推测缩略语和音译词的语义类。

但是，缩略语与音译词一旦进入词汇之中，就有可能加入到类推的行列，使得其中的某些字在构词时具有新的义项，这一现象称为字化现象（陈保亚，1999；宋作艳，2004）。例如，"武钢、攀钢、宝钢"都指钢铁公司，"巴士、中巴、的士、中巴车"都指汽车。字化现象使得一些缩略语和音译词在一定程度上也可以视为通过创造性类推产生的词语，虽然不能被严格的双向平行类推规则和成对替换类推规则覆盖，但基本上都可以找到同类共字词，因此在使用模型 2 为之标注语义类时能获得较好的结果。

第8章　未登录词语义类自动标注的应用

前面两章分别叙述了两个未登录词语义类标注模型，接下来，将进一步叙述这两种模型在语义词典修正和扩充中的应用。

8.1　语义词典修正

8.1.1　基本思路

现有的语义词典多数都是语言学工作者人工编制而成的，虽然耗费了大量的人力和物力，但由于时间和精力的限制，不可避免地会存在义项缺失或义项不当的问题。《词林》最开始是为了写作而编撰的，而且由于编制时间较早，义项设置的问题就更加严重。即使是像《HowNet》这样经过十余年时间编撰而成的词典，也存在一定义项不当的问题。用人工的方式来改进现有的语义词典是一件相当困难的工作，从数万个词语中寻找可能存在的义项缺失或义项不当问题就如大海捞针一般困难。一个比较现实的方法是使用自动计算方法来辅助发现缺失义项以及义项设置不当的情况。

在本书提出的未登录词语义类自动标注模型1和模型2的基础上，又提出了自动发现语义词典缺失义项和不当义项的方法，其基本思路是：依据词语内部特征和外部特征计算词语语义类的过程中出现的错误有许多是由于词典本身的问题而造成的，所以计算中出现的错误就可能意味着相关的词语存在义项缺失或义项不当的情况；两部依据不同思路构建的语义词典可以互相验证，在词典 T_1 中词语 A 与词语 B 属于同类，但在另一部词典 T_2 中 A 与 B 却不属于同一个类，这也意味着 T_1 可能存在义项缺失或义项不当的情况。将这两个方面结合起来进行双重验证，就可以进一步提高自动发现的正确率。

在进行结果分类时，将之分为六类，分别是：义项缺失、义项不当、其他不当、正确、并列、不确定。

所谓义项缺失指的是：对于词语 w，词典中已经为之标注了一个正确的义项 S_1，自动计算出的义项 S_2 与 S_1 不同，但也是一个正确的义项，因此，可以认为词典缺少了义项 S_2。例如，在《词林》中，"分子"有指人的义项，没有与"大分子、高分子、原子、离子、光子"同类的义项，模型 2 自动计算出"分子"与"大分子、高分子、原子、离子、光子"同类，这就属于义项缺失。

所谓义项不当指的是：对于词语 w，词典中已经为之标注了一个义项 S_1，自动计算出的义项 S_2 与 S_1 不同，两个义项相比，S_2 更恰当，因此，认为将词语 w 标注义项 S_1 属于义项不当。例如，在《词林》中，"专注"与"注意、留意、经意、在意、小心、留心"同类，模型 2 自动计算出"专注"与"专心、专心致志、全神贯注"同类，后者要更恰当一些，因此，《词林》对"专注"的标注就属于义项不当。

给定词语 w，如果自动标注结果错误，而这个错误原因是因为词典对词语 w_1 标注错误造成的，称为其他不当。例如，在《词林》中"跳水"被归入体育运动类，但是类似的"跳高、跳远"却没有体育运动类的义项，结果导致自动标注时"跳水"也被标成了非体育运动类的义项。

所谓正确指的是：词典标注结果正确，自动标注结果错误。这一类体现了不同语义词典在分类标准上的差异性，在一部词典中归入同一类的词语，在另一部词典中却属于不同的类别。比如《HowNet》中的 human 类，在《词林》中则被分为许多类。又如，在《HowNet》中有 CatchUp 这一类，"补课、补交"都属于这一类，但是在《词林》中"补课"与"听课、讲课"在一类，与"补交"相隔甚远。

所谓并列指的是：词语 w 属于并列式词语，在词典中找不到合适的类别。例如，在《词林》中，有一个类指草，有一个类指木，但"草木"却没有合适的类别。

所谓不确定指的是少量不太好归入上面四种类别的错误。

8.1.2　基于模型 1 的具体算法（词典修正算法 1）

第 4.3.2 节和 4.3.3 节给出了双向平行类推和成对替换类推规则的定义和抽取办法，在此不再赘述。每一条规则都会有一些正例和一些反例。在这些规则及对应的正例和反例基础上，给出用于发现可能的缺失义项和不当义项的算法。

基于双向平行类推规则的算法如下。

给定两个语义词典 T_1 和 T_2，分别为待处理词典（如《词林》）与参照词典（如《HowNet》）。

（1）从 T_1 抽取双向平行类推规则，分别给出相应的正例和反例。

（2）逐一处理每一条双向平行类推规则，设为 Rule_i，设其正例集合为 $\{PE_1, \cdots, PE_n\}$，反例集合为 $\{NE_1, \cdots, NE_m\}$。

（3）逐一处理反例集合中的每一个词语 NE_j。

①判断在参照词典中 NE_j 与正例集合中的每一个词语是否具有相同的语义类，若是，则将该正例词语及相应的语义类记录下来。

②若符合条件的语义类有多个，则将正例词语数最多的语义类及相应的正例词语输出；若符合条件的语义类仅有一个，则将其输出。

基于成对替换类推规则的算法如下。

给定两个语义词典 T_1 和 T_2，分别为待处理词典（如《词林》）与参照词典（如《HowNet》）。

（1）从 T_1 抽取成对替换类推规则，分别给出相应的正例和反例。

（2）逐一处理每一条成对替换类推规则，设为 $Rule_i$，设其正例集合为 $\{PE_{11}$、PE_{12}，…，PE_{n1}、$PE_{n2}\}$，反例集合为 $\{NE_{11}$、NE_{12}，…，NE_{m1}、$NE_{m2}\}$。

（3）逐一处理反例集合中的每一对词语 NE_{j1}、NE_{j2}：

判断在参照词典中 NE_{j1}、NE_{j2} 是否具有相同的语义类，若是，则将这一对词语及其在参照词典中的语义类输出。

8.1.3   基于模型 2 的具体算法（词典修正算法 2）

具体算法如下。

给定两个语义词典 T_1 和 T_2，分别为待处理词典与参照词典，逐一处理 T_1 中的每一个词 w。

（1）设 w 的正确语义类为 $C_{mannual}$，相应的属于 $C_{mannual}$ 的词语集合为 CS_{manual}。

（2）使用上下文特征与内部特征相结合的方法（模型 2）来计算 w 与其共字词集合 CS_{common} 之间的相似度，使用 KNN 为测试词计算一个语义类 C_{auto}，并得到一个属于 C_{auto} 的词语集合 CS_{auto}。

（3）如果 C_{auto} 与 $C_{mannual}$ 相等，语义类标注正确，转到（7）[①]；否则语义类标注错误，转到（4）。

（4）以 CS_{auto} 为候选同类词，并取（2）中的相似度为权重，将 CS_{auto} 中词语的语义类替换为该词语在 T_2 中的语义类，获得得分最好的语义类，记为 $C2_{auto}$，相应地在 T_2 中属于 $C2_{auto}$ 类的候选同类词集合为 $CS2_{auto}$。

（5）以 $CS_{mannual}$ 与 CS_{common} 的交集中的词语为候选同类词，并取（2）中的相似度为权重，将 $CS_{mannual}$ 中的词语的语义类替换为该词语在 T_2 中的语义类，获得得分最好的语义类，记为 $C2_{mannual}$，相应地在 T_2 中属于 $C2_{mannual}$ 类的候选同类词集合为 $CS2_{mannual}$。

（6）依据下面的分类原则，将当前错误归为五类。

①若 $|CS_{manual}|=0$，$|CS2_{auto}|>0$，则属于第一类，这一类词语在 T_1 中有共字词

---

① C_{auto} 与 $C_{mannual}$ 相等，就意味着计算正确，不必进一步处理。

却没有同类共字词，在 T_2 中有同类共字词。

②若 $|CS_{manual}|>0$，$|CS2_{auto}|>0$，$C2_{auto}≠C2_{mannual}$，则属于第二类，这一类词语在 T_1、T_2 中都有同类共字词，但在两部词典中的对应的语义类不同。

③若 $|CS_{manual}|>0$，$|CS2_{auto}|>0$，$C2_{auto}=C2_{mannual}$，则属于第三类，这一类词语在 T_1、T_2 中都有同类共字词，并且在两部词典中的对应的语义类相同。

④若 $|CS_{manual}|=0$，$|CS2_{auto}|=0$，则属于第四类，这一类词语在 T_1、T_2 中都没有同类共字词。

⑤若 $|CS_{manual}|>0$，$|CS2_{auto}|=0$，则属于第五类，这一类词语在 T_1 中有同类共字词，但在 T_2 中没有同类共字词。

（7）对 w 的处理结束。

以上五类错误中，第①类和第②类错误常常是由词典的义项缺失或义项不当引起的。

8.1.4 词典修正算法 1 实验

以《词林》为测试词典，《HowNet》为参照词典，从成对替换类推规则的反例中总共找到 1677 对可能存在缺失义项或义项不当的情况。本书分析了其中的 100 对反例（取按拼音升序排列最前面的 100 对），其中属于义项缺失的 10 对，属于义项不当的 42 对，总计占 52%（详见表 8.1）。其中，"前词"和"后词"分别指成对词语中的前一个词和后一个词，"人工判断错误类型"指人工对错误进行判断后所给出的分类结果，"位置"指成对词语中存在问题的具体词语。例如，"挨打、挨斗"这一对词语是成对替换类推规则的一个反例，即在测试词典中两个词不同类，但在参照词典中两个词语同类，通过分析发现，这一问题是由于《词林》中对后词"挨斗"归类不当造成的，因此"人工判断错误类型"为"不当"。

表 8.1 基于成对替换类推规则的词典修正算法 1 结果分析示例

前词	后词	人工判断错误类型	位置	前词	后词	人工判断错误类型	位置
挨打	挨斗	不当	后	暗计	大计	正确	
爱情	恋情	不当	后	暗流	潜流	不当	后
爱人	爱子	正确		罢工	停工	正确	
爱人	好人	正确		罢工	歇工	正确	
暗暗	黑暗	正确		罢课	停课	正确	
暗处	深处	不当	后	罢手	停手	不当	后

续表

前词	后词	人工判断错误类型	位置	前词	后词	人工判断错误类型	位置
白白	雪白	缺失	前	办事	处事	不当	前
白白	银白	缺失	前	帮教	管教	不当	后
白丁	白人	正确		薄板	薄片	正确	
白宫	行宫	不当	前	薄膜	薄片	正确	
白果	干果	正确		保护国	保护区	正确	
白果	红果	正确		保户	存户	正确	
白人	废人	正确		保皇党	保皇派	正确	
白人	雪人	正确		保人	华人	正确	
白细胞	红细胞	不当	前	保人	乡人	正确	
白熊	海熊	正确		保守	保卫	缺失	前
摆放	摆开	不当	后	保守党	保守派	正确	
败者	胜者	不当	前	宝珠	珍珠	不当	后
斑点	斑痕	不当	后	报告	电告	不当	后
班级	层级	正确		报关	通关	缺失	后
搬动	搬走	不当	后	报亭	书亭	不当	前
颁发	颁行	正确		暴躁	急躁	不当	后
板子	棒子	正确		暴躁	狂躁	不当	后
半年	半天	不当	后	悲观主义	乐观主义	不当	前
半年	近年	正确		卑贱	卑微	缺失	前
半年	上年	正确		卑贱	卑下	不当	后
半年	少年	正确		卑贱	低贱	不当	后
半日	半天	不当	后	北边	北侧	正确	
半日	多日	不当	后	北边	北面	不当	后
半日	近日	正确		北边	左边	正确	
半晌	后晌	不当	前	北部	阴部	正确	
半世	后世	正确		北侧	左侧	正确	
半世	近世	正确		北端	北方	正确	
半天	后天	不当	前	北端	西端	不当	后
半夜	前夜	正确		北非	东非	不当	后
办公室	办公厅	正确		北非	南非	不当	后

续表

前词	后词	人工判断错误类型	位置	前词	后词	人工判断错误类型	位置
北国	南国	不当	后	背后	侧后	正确	
北海	东海	缺失	前	背脊	背面	正确	
北海	南海	缺失	前	备选	备用	不当	后
北回归线	南回归线	不当	前	备有	原有	正确	
北极	负极	正确		本本	台本	正确	
北极	阴极	正确		本部	总部	缺失	前
北美	南美	不当	前	本村	本乡	缺失	后
北美洲	南美洲	不当	前	本地	各地	正确	
北面	东面	不当	前	本家	合家	正确	
北面	南面	不当	前	本刊	丛刊	不当	后
北面	西面	不当	前	本市	本乡	缺失	后
北面	左面	不当	前	鼻儿	鼻子	正确	
背部	阴部	正确		鼻子	耳子	正确	
背带	皮带	不当	后	比价	比值	不当	前

　　以《词林》为测试词典，《HowNet》为参照词典，从双向平行类推规则的反例中总共找到 570 个词语可能存在缺失义项或不当义项的情况。本书分析了其中的 100 个反例（取按拼音升序排列最前面的 100 个），其中属于义项缺失的 8 个，属于义项不当的 27 个，属于其他不当的 5 个，总计存在义项缺失或不当的占 40%。详见表 8.2。其中"反例词语"指待分析的反例中的词语，"人工判断错误类型"指人工对错误进行判断后所给出的分类结果，"《HowNet》中的同类词语"指依据参照词典判断正例中应当与当前反例词语同类的词语。例如，在《词林》中"白白"这个词语是双向平行类推规则的反例，该规则的正例中包括词语"白皑皑"；在《HowNet》中"白白"与"白皑皑"属于同一类。分析之后发现在《词林》中"白白"缺少了表示颜色的义项，因此"人工判断错误类型"为"缺失"。

表 8.2　基于双向平行类推规则的词典修正算法 1 结果分析示例

反例词语	人工判断错误类型	《HowNet》中的同类词语
白白	缺失	白皑皑
摆地摊	缺失	摆摊子

续表

反例词语	人工判断错误类型	《HowNet》中的同类词语
半天空	不当	半空，半空中
包括	不当	包含，包蕴
包装袋	正确	包装箱
北侧	不当	北边
北方	正确	北半球
北极圈	正确	北温带
北京	缺失	北京城
本乡	缺失	本村，本市
比作	正确	比拟
边防线	不当	边疆，边界，边界线
补课	正确	补交
唱头	正确	唱段
车轴	正确	车头
初年	正确	初春，初秋，初夏
出入	其他不当	出入境
瓷盘	不当	瓷杯，瓷碗
粗心	其他不当	粗线条
大动干戈	其他不当	大战
大哥	正确	大姑子
大姑子	正确	大丈夫
大汉	正确	大人物
大棚	正确	大楼，大厦
大人	正确	大人物
大数	正确	大多数
大头	正确	大家
大小	正确	大丈夫
大型	其他不当	大中小型
大雪	缺失	大雨
大员	正确	大家
当今	正确	当日，当天
党群	正确	党派，党团

续表

反例词语	人工判断错误类型	《HowNet》中的同类词语
灯座	不当	灯台，灯头
底座	正确	底部，底层
地界	不当	地方，地面
地皮	正确	地面
地皮	正确	地壳
调弄	不当	调试，调整
东侧	不当	东边，东面
短时	正确	短期
多种	不当	多样
发光	正确	发热
发行人	不当	发行者
防疫	不当	防病
分社	正确	分队
奋进	不当	奋发，奋起
干事	缺失	干活
高调	正确	高声
高帽	儿化	高帽子
高耸	不当	高矗
高效	缺失	高效益
孤寡	正确	孤单，孤独
姑爷	正确	姑奶奶
骨架	缺失	骨节，骨头
归功	正确	归咎，归罪
贵国	其他不当	贵州
海狸	不当	海兽，海熊
海流	不当	海浪
海龙	不当	海狗，海牛
海龙	不当	海马
后门	正确	后脚，后腿
荒丘	正确	荒山
灰白	不确定	灰白色

续表

反例词语	人工判断错误类型	《HowNet》中的同类词语
灰色	不当	灰白色
机师	正确	机组
机心	正确	机芯，机翼
家丁	正确	家口，家人
加入	正确	加上
减低	不当	减小
讲明	不当	讲解
教授	不当	教诲，教育
近世	不确定	近代，近现代
京沪	正确	京城，京都
敬畏	不当	敬佩，敬仰
救亡	正确	救活，救生
军队	正确	军团
军旅	正确	军团
劳瘁	不当	劳累
老板	正确	老顽固
老伯	正确	老大妈，老大娘，老大爷
老大	正确	老爹，老父，老翁
老手	正确	老汉，老子
老资格	正确	老辈，老前辈
老总	正确	老母，老子
邻县	不当	邻邦，邻国，邻省
零配件	不当	零部件
领头	正确	领班，领队
路边	正确	路面
面料	正确	面团
南侧	不当	南边
南方	正确	南半球
男孩	儿化	男孩儿，男婴
脑髓	正确	脑神经
内外	正确	内蒙古

续表

反例词语	人工判断错误类型	《HowNet》中的同类词语
年利率	正确	年增长率
年年	正确	年岁
女孩	儿化	女孩儿，女孩子，女童，女婴
女人家	正确	女仆
企图	正确	企盼，企望

8.1.5　词典修正算法 2 实验

以《词林》为测试词典，《HowNet》为参照词典，以一个 3000 词的集合（TS1）为测试数据，使用模型 2 计算后有 900 个左右的错误，其中第一类和第二类共计 186 个错误，通过人工分析，发现这 186 个错误中，有 41 个属于义项缺失，60 个属于义项不当，4 个属于其他不当，3 个属于并列，1 个属于不确定，总计有 108 个错误有待修正（详见表 8.3）。其中"同类共字词"指的是 $CS2_{auto}$，即模型 2 从《HowNet》中自动计算出的同类共字词。

表 8.3　TS1 义项缺失或不当自动发现结果分析

测试词	自动标注错误类型	人工分析错误类型	《HowNet》中的语义类	同类共字词（《HowNet》）
中央	1	缺失	part	党中央，中共中央，团中央，中组部，中宣部
张罗	1	缺失	gather	搜罗，收罗
宣传部	1	缺失	part	组织部，统战部，文化部，人事部，教育部，建设部，中组部，交通部
特技	1	缺失	Ability	绝技，演技，特长，技能
首富	1	缺失	human	巨富，富豪，富翁，富商，百万富翁
省府	1	缺失	institution	区政府，人民政府，中央政府，乡政府，政府
山民	1	缺失	human	牧民，渔民，村民，农民
权威	1	缺失	Power	权力，权，权位
青衣	1	缺失	clothing	羽绒衣，衣，风衣，冬衣，雨衣，皮衣，上衣
巨人	1	缺失	human	巨子，女强人，超人，巨匠
户头	1	缺失	account	户口簿，账户，户口本
寒暑	1	缺失	time	寒冬，寒冬腊月，大暑

续表

测试词	自动标注错误类型	人工分析错误类型	《HowNet》中的语义类	同类共字词（《HowNet》）
过不去	1	缺失	regret	过意不去
长子	1	缺失	human	小儿子，儿子，次子，独子，长女，爱子，私生子，公子，独生子
海岸线	1	其他不当	land	岸线
跳水	1	其他不当	fact	跳高，跳伞，跳远
专注	1	不当	attentive	专心，专心致志，全神贯注
义诊	1	不当	doctor	巡诊，应诊，诊疗
塑料布	1	不确定	material	白布，雨布，绒布，帆布，麻布，花布，粗布
送报	1	不当	transport	送货
水乡	1	不当	place	水城，山乡
审判长	1	不当	human	审计长，裁判长，庭长，教务长，首长，家长，组长，队长，财长，卫生部长，国防部长，校长
洒落	1	不当	GoDown	散落，掉落，坠落，落，跌落
抢眼	1	不当	attractive	打眼
年鉴	1	不当	publications	年刊
面市	1	不当	appear	面世
矿井	1	不当	InstitutePlace	油井，气井
甲方	1	不当	human	乙方，买方，外方，对方
告负	1	不当	defeated	负于，负
妇幼	1	不当	human	妇，妇女，男女老幼，妇人
洞开	1	不当	open	敞开，打开，拉开，张开
登高	1	不当	GoUp	爬高
案头	1	其他不当	location	床头
庄稼人	1	正确	human	芬兰人，古巴人，白人
站岗	1	正确	stand	站住，站立，站，站队，站起，站稳
酝酿	1	正确	produce	酿，酿酒，酿造，酿制
寓言	1	正确	text	箴言，戏言，谎言，诺言，感言
席梦思	1	正确	tool	席子，凉席，竹席，草席
王牌	1	正确	tool	金牌，牌，奖牌

续表

测试词	自动标注错误类型	人工分析错误类型	《HowNet》中的语义类	同类共字词（《HowNet》）
受益者	1	正确	human	受害者
烧制	1	正确	produce	制
葡萄干	1	正确	food	干酪
目标	1	正确	tool	风向标
剪纸	1	正确	image	图纸
工作面	1	正确	part	面，正面
风水	1	正确	information	风
房事	1	正确	fact	趣事，婚事，闲事，琐事，傻事，要事
掉队	1	正确	inferior	掉
地盘	1	正确	place	地域，地带
得逞	1	正确	succeed	得手
车间	1	正确	part	车厢
长虫	1	正确	beast	爬虫
备忘录	1	正确	document	通讯录
柏油	1	正确	material	素油，桐油，橄榄油，黄油，油
诱人	2	缺失	attractive	宜人
音响	2	缺失	tool	组合音响，音箱，收音机
心窝子	2	缺失	part	肚子
乡里	2	缺失	location	村里，山里，城里
无力	2	缺失	unable	无能为力，无力回天
体察	2	缺失	understand	体会
袒露	2	缺失	reveal	流露
塑造	2	缺失	produce	打造，制造，仿造，酿造
手下	2	缺失	human	麾下，部下，手下人，属下
收获	2	缺失	gather	收割
生硬	2	缺失	stiff	僵硬
任教	2	缺失	engage	任课
娘子军	2	缺失	army	新四军，八路军，近卫军，孤军，志愿军，正规军
巨擘	2	缺失	human	巨子，巨匠
经典	2	缺失	classic	古典

续表

测试词	自动标注错误类型	人工分析错误类型	《HowNet》中的语义类	同类共字词（《HowNet》）
进行	2	缺失	conduct	实行，推行，履行，施行，奉行
风味	2	缺失	Taste	滋味，味，酸味
风声	2	缺失	sound	声，雨声，脚步声，鼓声，雷声，枪声，哭声，喊声
风貌	2	缺失	Scene	风景，风光，风物
分子	2	缺失	part	大分子，高分子，原子，离子，光子
分院	2	缺失	institution	人民检察院，检察院
分水岭	2	缺失	Boundary	分界线，分界，分野
打击	2	缺失	attack	冲击，反击，攻击，出击
抽出	2	缺失	PickOut	掏出
采取	2	缺失	take	汲取，取
博士后	2	缺失	human	博士生，博导，硕士，学士，硕士生
变数	2	缺失	Property	变量
入股	2	其他不当（参股）	include	参股，入会，入伙，入
视线	2	其他不当	Range	视野
出错	2	其他不当	err	出乱子
指针	2	其他不当	part	秒针，时针
作案	2	不当	engage	作恶
直达	2	不当	continuous	直通
载有	2	不当	exist	装有
旋涡	2	不当	phenomena	涡旋
行进	2	不当	GoForward	前进，迈进，推进，挺进，前行，递进
乡镇企业	2	不当	InstitutePlace	中小企业，企业，合资企业，工矿企业
问卷	2	不当	text	问题
微波炉	2	不当	tool	炉，电炉，煤气炉，煤油炉，烤炉，火炉
外观	2	不当	Appearance	外表
省市	2	不当	place	省份，直辖市
商战	2	不当	fact	恶战，战，贸易战，激战，肉搏战，实战，防御战
三资企业	2	不当	InstitutePlace	合资企业，企业，工矿企业，中小企业

续表

测试词	自动标注错误类型	人工分析错误类型	《HowNet》中的语义类	同类共字词（《HowNet》）
迫降	2	不当	arrive	降落
评点	2	不当	estimate	评说，评议，评介，评论，评定，评价，评比，评分，评
排坛	2	不当	community	篮坛，羽坛，网坛，泳坛，艺坛，足坛，棋坛，邮坛，乒坛，体坛，歌坛，政坛，文坛，乐坛，诗坛
排放	2	不当	drain	排入，排出
默哀	2	不当	condole	志哀，哀悼
空间	2	不当	sky	宇宙空间
菌种	2	不当	Kind	树种，物种，工种，品种，税种，矿种
卷入	2	不当	engage	卷进
经纬线	2	不当	mark	纬线，回归线
脚底	2	不当	part	脚心，脚后跟，脚底板，脚掌，脚趾，脚背，脚板，脚跟
监管	2	不当	supervise	监督，监察，监控，监理，监，监考
监测	2	不当	supervise	监控，监察，监视，监督，监理，监听，监，监考
会务	2	不当	affairs	商务，公务，教务，医务，税务，警务
观测	2	不当	investigate	探测，勘测
复会	2	不当	resume	复工，复刊，复课，复交，复职，复学
飞跃	2	不当	GoForward	跃进
飞升	2	不当	GoUp	攀升，上升
扼制	2	不当	restrain	抑制，压制，钳制，制止
掉泪	2	不当	weep	落泪，泪如雨下，老泪横流，哭天抹泪，潸然泪下，泪流满面，老泪纵横
当心	2	不当	careful	留心
存放	2	不当	SetAside	存入，存贮，存款，贮存
粗浅	2	不当	superficial	肤浅，浮浅
创面	2	不当	location	创口
筹措	2	不当	gather	筹集，筹款，自筹

续表

测试词	自动标注错误类型	人工分析错误类型	《HowNet》中的语义类	同类共字词（《HowNet》）
持久	2	不当	TimeLong	旷日持久，经久，悠久，久，由来已久，久久
唱戏	2	不当	perform	演戏，变戏法
操劳	2	不当	endeavour	辛劳，劳碌
采写	2	不当	compile	写
逼供	2	不当	force	逼，逼良为娼，逼债，逼迫
保留	2	不当	SetAside	预留，留
伴有	2	不当	own	兼有，具有
白宫	2	不当	house	白金汉宫，克里姆林宫，爱丽舍宫，皇宫
挨饿	2	不当	suffer	挨冻，挨，挨打，挨批，挨骂
中老年	2	并列	human	中青年，青壮年，青年
工农	2	并列	human	烟农，小农，中农，蚕农，茶农，林农
草木	2	并列	plant	花木
装置	2	正确	install	内置
职业	2	正确	affairs	行业，事业，金融业，商业
增高	2	正确	add	增加
雨天	2	正确	time	雨水
鱼油	2	正确	material	植物油，橄榄油，椰子油，菜籽油
一带	2	正确	place	地带
严肃	2	正确	conduct	严格
血肉	2	正确	part	血液，血水，血，血流
温情	2	正确	gentle	温存
外场	2	正确	facilities	靶场，发射场，停车场，试验场
娃子	2	正确	human	穷棒子，叫花子
同事	2	正确	human	同行，同乡
提升	2	正确	MakeHigher	提高
腾飞	2	正确	fly	比翼齐飞，飞，飞翔
套种	2	正确	planting	栽种，复种，种，种植
水层	2	正确	part	土层，油层，矿层，大气层
试种	2	正确	planting	栽种，种植，种
失信	2	正确	disobey	失职

· 95 ·

测试词	自动标注错误类型	人工分析错误类型	《HowNet》中的语义类	同类共字词（《HowNet》）
声色	2	正确	Countenance	颜色
日子	2	正确	time	好日子
全文	2	正确	text	原文，短文，论文，译文
求人	2	正确	request	求全
贫油	2	正确	poor	贫穷，贫，贫困，贫苦
门板	2	正确	tool	夹板，板
力争	2	正确	debate	据理力争，争
礼金	2	正确	payment	奖金
冷淡	2	正确	IllTreat	冷落
宽裕	2	正确	sufficient	宽余
苦干	2	正确	endeavour	埋头苦干，艰苦奋斗
可能	2	正确	possible	能
局外人	2	正确	human	西方人，外国人，墨西哥人，欧洲人
精神	2	正确	part	精髓，精华
解惑	2	正确	remove	解忧，解，解愁，解困
家伙	2	正确	human	小家伙
机动	2	正确	SelfMove	动
活跃	2	正确	active	踊跃
活佛	2	正确	human	如来佛
好看	2	正确	interesting	好玩，好笑，好玩儿
过夜	2	正确	pass	过年
过量	2	正确	many	过多，大量，过剩
观念	2	正确	thinking	理念，观
个体户	2	正确	human	储户，暴发户，订户
高明	2	正确	wise	明智
分裂	2	正确	separate	分化，分割，分工，分权，分流
杜仲	2	正确	FlowerGrass	杜鹃，杜鹃花
顶端	2	正确	part	顶部，顶，端
调色板	2	正确	tool	画板，图板，面板
脆弱	2	正确	frail	虚弱，衰弱

续表

测试词	自动标注错误类型	人工分析错误类型	《HowNet》中的语义类	同类共字词（《HowNet》）
从军	2	正确	include	从
茶饭	2	正确	edible	客饭，干饭，饭
本末	2	正确	part	本，本质
扮演者	2	正确	human	缔造者，创业者，推动者，领导者
败坏	2	正确	damage	毁坏，坏

例如，词典修正算法 2 计算出测试词"中央"属于第 1 类错误，根据模型 2 计算"中央"与"党中央、中共中央、团中央、中组部、中宣部"同类，在《HowNet》中"中央"也与"党中央、中共中央、团中央、中组部、中宣部"同类（语义类名称为 part），经过人工分析发现，在《词林》中"中央"缺失了一个义项，因此"人工分析错误类型"记为"缺失"。

8.2 语义词典扩充

如前文所述，模型 1 和模型 2 在进行语义类（《词林》1428 个小类）标注时若给出唯一结果，则最好的精度不到 70%；如果仅进行中类（《词林》49 个名词中类）标注，也仅能达到 80% 左右的精度。这种标注精度离实际使用还有一定距离。因此，本书尝试将多种模型的结果整合起来，给出五个左右的候选类，供标注人员选择，从而起到辅助标注的作用。文献（Lu，2007）中也进行了给出五个最佳候选的实验。

本书尝试整合以下几种结果：①模型 2 的最佳结果；②模型 1 的最佳结果；③模型 2 不进行词过滤、字过滤和成分相似加权时的最佳结果；④模型 2 的其他最佳结果。整合算法如下。

（1）若模型 2 给出了最佳结果，则将之作为一个候选结果，排在最前面。

（2）若模型 1 给出的最佳结果与已有的候选结果不同，则将之作为一个候选结果，排在前一个候选结果之后。

（3）若模型 2 不进行词过滤、字过滤和成分相似加权时的最佳结果与已有的候选结果不同，则将之作为一个候选结果，排在前一个候选结果之后。

（4）若模型 2 的第 2 个较好结果与已有的结果不同，则将之作为一个候选结果，排在前一个候选结果之后。

（5）若候选结果总数小于 5，则参照步骤（4）继续处理模型 2 的下一个较好结果，一直到候选结果总数等于 5 或者处理完了模型 2 的所有结果；否则，处理结束。

按照上述算法，在 TS1 上进行了实验，实验的评价方法为：5 个候选结果中，任何一个正确，就认为判断正确。最终，算法取得了 90.5% 的 F 值[正确率 90.6%，召回率 90.4%，有 4 个词语（"氤氲、窈窕、匍匐、伉俪"）候选结果数为 0]。如表 8.4 所示，模型 2 的最佳结果中标注正确的有 2041 个，前面的结果标注错误而模型 1 的最佳结果标注正确的有 229 个（如"求人、洒脱、马队"），前面的结果标注错误而模型 2（不进行字过滤和词过滤）的最佳结果标注正确的有 82 个（如"安家、按摩、保健、八角、不和、蚕食"），前面的结果标注错误而模型 2 排名第二的结果标注正确的有 198 个，前面的结果标注错误而模型 2 排名第三的结果标注正确的有 85 个，前面的结果标注错误而模型 2 排名第四的结果标注正确的有 49 个[①]，前面的结果标注错误而模型 2 排名第五的结果标注正确的有 6 个；另外有 283 个词语标注错误，4 个词语没有得到任何标注结果。这意味着 90% 左右的词语可以从 5 个候选语义类中找到正确的语义类。将这个算法用于未登录词语义类辅助标注中，可以大幅度减轻标注人员的工作量、提高标注的一致性和合理性。

表 8.4 五个最佳候选结果

结果编号	结 果 说 明	正确标注词语的数量
1	模型 2 的最佳结果	2041
2	模型 1 的最佳结果	252
3	模型 2（不进行字过滤和词过滤）的最佳结果	82
4	模型 2 排名第二的结果	198
5	模型 2 排名第三的结果	85
6	模型 2 排名第四的结果	49
7	模型 2 排名第五的结果	6
总计		2713

---

① 前三个候选结果有可能相同，在这种情况下，要取够五个候选结果，就可能将模型 2 排名第四和第五的结果加入到候选结果中。

第9章 基于分布式词表示的
类比识别与类比挖掘

关系相似度（relational similarity）可用于度量词间关系的相似程度（Medin et al.，1990），它与许多自然语言处理任务密切相关（Turney，2006），如词义消歧、信息抽取、自动问答、信息检索、语义角色标注以及隐喻检测等。典型的关系相似度任务包括类比识别（analogy detection）与类比挖掘（analogy mining），前者主要是度量关系相似度，后者则是从非结构化文本中抽取具有类比关系的词对。

近年来，分布式词表示（distributed word representation）即词语嵌入（word embedding）（Mikolov et al.，2013a；Mikolov et al.，2013b；Levy and Goldberg，2014b）已经被用于无监督类比识别之中。Mikolov 等使用一个关系中的词语之间的属性相似（attributional similarity）来计算关系相似度，其实验表明该方法优于 SemEval2012 类比识别共享任务中的最佳系统。Levy 和 Goldberg（2014b）进一步使用新颖的组合算法改进 Mikolov 等提出的关系相似度计算方法。为简单起见，下文将 Mikolov 等的方法称为基于词语 embedding 的类比识别（embedding-based analogy detection），而不再强调分布式（distributed）和分配式（distributional）（即基于计数的）词表示的区分。

许多基于词语 embedding 的类比检测工作将关系相似度用作一种词语 embedding 质量的评价方式。但是，相反方向的工作（即探索如何利用词语 embedding 来改进关系相似度计算方法）却很少见。本章中将会经验性地研究词语 embedding 在中文类比识别与挖掘中的应用，并且会用到句法依存（syntactic dependency）信息。前人研究已经表明，句法依存与语义关系具有密切的关联（Levin，1993；Chiu et al.，2007）。与其他语言相比，这种句法语义关联在中文中更为强大，很多学者认为中文是一种语义型语言（徐通锵，1997）。与中文自然语言处理的其他任务（如句法分析、信息抽取和机器翻译）相比，关于中文的关系相似度计算工作还较为少见。

本章中将会具体讨论三个问题。第一，在类比识别任务中基于依存的词语 embedding 效果如何。Mikolov 等的 Skip-Gram embedding 模型有两种变体：一种使用局部上下文中的 n 元词串训练分布式词语 embedding（Mikolov et al.，2013a），另一种则使用句法依存中的依存关系来训练 embedding（Levy and Goldberg，2014b；Bansal et al.，2014）。后一种有可能捕捉到更多的语法规律，因而受到越来越多的关注。在许多自然语言处理任务中，基于句法依存的信息已被证明优于基于 n 元上下文（ngram-context）的信息，因此也完全有可能改进关系相似度的计算。但是，本书在中文和英文上的实验均表明基于依存的词语 embedding 并不能一直优于基于 n 元上下文的词语 embedding。对此，进行了一些理论分析。

第二，提出使用句法依存作为上下文来改进基于词语 embedding 的类比识别，其核心是使用句法依存来缩小搜索空间并过滤掉部分噪声。虽然属性相似在关系相似度计算中得到广泛使用，但它并不是类比识别中可以使用的唯一信息来源。传统研究[如文献（Turney and Littman，2005）、（Turney，2006）、（Chiu et al.，2007）以及（Séaghdha and Copestake，2009）]中也用到语料库词对之间的上下文信息，并且可以改进算法效果，但是这些信息被现在基于词语 embedding 的方法所忽略。实验结果表明，本书所提出的方法在这个任务上取得了显著的改进。

第三，本书用实验表明一种新颖的基于句法依存的依存 embedding 可以被用于从一个大型语料库中挖掘类似的词对。分布式词表示（word representation）可以被用于度量词相似，受此启发，使用分布式依存表示（dependency representation）来度量关系相似度（即依存对之间的相似度）。为此，提出一种自举（bootstrapping）算法，该算法使用依存嵌入（dependency embedding）进行类比挖掘。在一个大规模中文语料库上的实验表明，该方法可以取得 95.2% 的正确率和 56.8% 的召回率。

本书将一个大规模的经过自动分词、词性标注和句法分析的语料库以及训练好的词语 embedding 表示结果和评价数据集放置于网络上，供大家免费下载使用。具体下载网址为：http://pan.baidu.com/s/1sk4VnqP。

9.1 关系相似度任务与词嵌入模型

9.1.1 关系相似度任务

关系相似度计算任务可以分为三种。

第一种是关系分类（relation classificaiton），该任务的一个例子是SemEval 2012的任务2（Jurgens et al.，2012）。在这类任务中，事先已给定两个词对中的四个词语，计算机需要判断两个词对是否属于同一种关系类型。多种有监督方法被用于处理此类任务（Bollegala et al.，2008；Herdağdelen and Baroni，2009；Turney，2013）。

第二个任务是类比识别（Mikolov et al.，2013b）。在该任务中，两个词对中有三个词是已知的，计算机需要从词汇表中搜索出最合适的词以还原出两个词对中的未知词。这一任务目前通常是使用词语 embedding 来解决的（Mikolov et al.，2013b）。

第三个任务是类比挖掘（Chiu et al.，2007）。在该任务中，一个已知属于特定语义关系的词对被视为种子，计算机需要找出所有属于同一语义关系的词对。与关系分类和类比识别相比，类比挖掘任务在实际中更为有用，因为它对已知信息的要求最低，并且可以自动提供大量的具有可类比性的词对。

9.1.2　Skip-Gram 词语 embedding 方法

作为神经网络语言模型的副产品（Bengio et al.，2003；Mnih and Hinton，2007），词语 embedding 本质上是词语的分布式向量表示，使用局部上下文训练而来。词语 embedding 能够捕捉语言中的语言规律（Mikolov et al.，2013b），并且已经被应用于多种任务之中。

在此，使用 Mikolov et al.（2013a）所提出的 Skip-Gram 方法来训练词语 embedding，该方法的核心思想是在一个含有多个词语的上下文中使一个词语出现的概率最大化。Mikolov 等使用 n 元窗口作为上下文，并且观察到所产生的词语 embedding 在无监督类比识别中是非常有用的。

9.1.3　基于词语 embedding 的类比识别

形式上，类比识别任务是在给定词对 $a{:}b$ 和词语 $a*$ 的条件下寻找词语 $b*$，使得 $a*{:}b*$ 与 $a{:}b$ 是可类比的。Mikolov 等（2013b）表明该任务可以通过寻找使下面的公式返回值最大化的词语来解决。

$$\text{score} = \text{sim}(b*, b - a + a*) \tag{9.1}$$

式中，sim 指相似度度量，通常指夹角余弦（cosine）方法。Levy 和 Goldberg（2014b）证明式（9.1）与下面的公式是等价的：

$$\text{score} = \cos(b*, b) - \cos(b*, a) + \cos(b*, a*) \tag{9.2}$$

因此，类比识别的任务可以视为寻找与词语 b 和 $a*$ 尽可能相似但是与 a 尽可能不相似的词语 $b*$。在此基础上，Levy 和 Goldberg（2014b）将式（9.2）中的加法替换为乘法，从而得到下面的公式：

$$\text{score} = \cos(b*, b)\cos(b*, a*) / [\cos(b*, a) + \varepsilon] \tag{9.3}$$

式中，$\varepsilon = 0.001$ 用于防止出现零除现象。他们的实验表明该公式的使用能够带来明显的性能改善。参照文献（Levy and Goldberg，2014b），将式（9.1）和式（9.2）称为 3COSADD 方法，将式（9.3）称为 3COSMUL 方法。

9.1.4 汉语关系相似度

关系相似度有许多种。句法上，词语屈折变化可以视为一种词-词关系（Levy and Goldberg，2014b）。例如，原型-比较级词对"good:better"和"rough: rougher"是可类比的，现在-过去时词对"see:saw"和"return: returned"也是可类比的。但是，这样的屈折变化关系在汉语中是不存在的，因为汉语是屈折变化比较贫乏的语言。所以更关注语义关系，包括反义关系（如"热:冷"VS"快:慢"）、整体部分关系（如"车:轮子"VS"熊:掌"），性别（如"男人:女人"VS"国王:王后"）和事物功能关系（如"衣服:穿"VS"帽子:戴"）。

Chiu 等（2007）表明英语语义关系通常在句法依存中得到体现。他们的发现与 Levin（1993）类似，后者主要研究英语动词。发现这类现象在汉语中同样较为常见。在经过自动句法分析的语料库（含有 34 亿词语）中（参见 9.5.1 节），类比测试数据集（参见 9.5.2 节）中 86.4%的词对可以找到相应的依存词对，并且出现频次至少在 10 次以上。

事实上，汉语的句法结构歧义经常需要利用语义信息才能够予以消解（Xiong et al.，2005；Zhang et al.，2014）。尽管不是所有的关系相关词对在语料库中一定会存在相应的依存词对，本书的实验仍然表明句法依存的使用可以有效地改善类比识别任务。

9.2 服务于类比识别的基于依存上下文的
词语 embedding 表示

在基于 embedding 的类比识别中，句法依存的第一种用途是直接用于构建 embedding。近年来，依存类上下文已经被用于 Skip-Gram 方法中，可以捕获更多的句法信息。以图 9.1 中的句子为例，目标词语"毕业"的二元窗口的上下文包括：奥巴马、总统、于、哈佛大学，而其依存上下文则包括：1991 年/ADV、总统/SBV、于/CMP、法学院/POB_于[①]，其中"ADV、SBV、CMP、POB"分

[①] 在依存树中，"法学院"是"毕业"的孙子结点，通过介词"于"连接起来。在抽取依存上下文时，介词结点被视为中间结点，把介词结点的子结点直接升级成其父结点的子结点。其相对于"毕业"的句法角色用"POB_于"表示，其中"POB"表示其原本充当的句法角色，"于"则是充当中间结点的介词。

别指状语、主语、补语和介词宾语。换言之，在依存上下文中，将上下文词语与其相对于目标词语的句法角色合并起来做一个上下文特征，中间用"/"隔开。与基于 n 元窗口的上下文相比，基于依存的上下文可以使用更远距离的上下文信息，而且通常情况下上下文信息与目标词语有更为直接的关联。

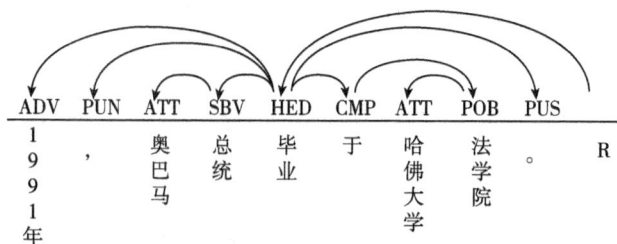

图 9.1　依存句法树示例

前人研究表明，与 n 元窗口上下文相比，依存上下文有助于改善句法分析（Bansal et al.，2014）和词语相似度计算（Levy and Goldberg，2014a）效果。但是，前人研究并没有系统地比较两者在类比识别任务中的效果。本书通过对比实验研究这一问题（参见 9.5.3 节）并且发现，使用同样的基于 embedding 的方法，依存上下文的结果总是不如 n 元窗口上下文的结果，在中文和英语数据上均是如此。9.5.4 节中对此进行了分析。

9.3　改进的类比识别方法：使用句法依存减少搜索空间

在类比识别任务中，给定两个词对 $a{:}b$ 和 $a^*{:}b^*$，其中 a 是中心词，b^* 是类比识别的目标，因而是隐藏的。类比识别的任务就是将 a^* 视为中心词，去寻找与之对应的 b^*，从而形成可以与 $a{:}b$ 相类比的语义关系。在该任务中，句法依存还可以以另外一种方式发挥作用，即缩小搜索空间、去除噪声。基于此，本书对基线方法进行改进，形成改进的类比识别方法，以下简称 IMP 方法。其具体步骤如下。

第一步，可以要求候选词与 b 具有相同的词类。例如，给定"衣服:穿"和"帽子:b^*"，由于"穿"是动词，就可以要求所有候选的词语必须是动词。

第二步，如果词语 a 和 b 之间的依存关系在实际语言中具有多种可能，那么仅选择频次更高的那种依存关系进行后续计算。比如动词"穿"和名词"衣服"之间可以形成主谓结构，也可以形成动宾结构，但动宾结构出现频次更高，则在后续计算中认为这两个词之间是动宾关系。

第三步，根据词性相同、句法结构关系相同的要求筛选出以 $a*$（如"帽子"）为中心词的候选依存对，之后使用 3COSMUL 方法计算相似度，对所有候选进行排序。最后相似度最高的依存对中的 $b*$（如"戴"）即为类比识别结果。

词性相同、句法结构关系相同这两个要求可以过滤掉许多噪声。例如，给定一个词对"萨拉热窝:波黑"，其中的两个词之间的最高频结构关系是定中结构；未知词对是"伦敦:b"，即识别的目标应该是"英国"。根据词性过滤，可以得到许多候选词，包括"美国、巴黎、加拿大、英国"等。有些候选词如"巴黎"与"伦敦"之间通常是并列关系，而非定中关系，可以根据句法结构关系将之过滤掉。之后再使用 3COSMUL 方法对剩余的候选词进行排序，最终可以识别出候选词为"英国"。

如果不进行词性和句法结构关系过滤，直接使用 3COSMUL 方法计算，识别出的最终候选词为"南非"。在语料库中，"南非"从来不与"伦敦"形成定中结构，因此在本书的方法中它早就被排除在外了。

9.4　基于依存 embedding 的类比挖掘

形式上，类比挖掘的目的是发现可类比的依存三元组 $<x_1,y_1,r>,<x_2,y_2,r>\cdots<x_n,y_n,r>$，这些三元组与给定的依存三元组 $<a,b,r>$ 均具有相同的语义关系。通过使用 Skip-Gram 模型所产生的 embedding 同时考虑关系相似和属性相似，来挖掘可类比的依存三元组。

9.4.1　依存 embedding 表示方法

词语相似度可以使用分布式词表示来度量，受此启发，预计关系相似度也可以使用分布式关系表示（distributed relation represenation）来度量。正如第 9.2.4 节中所说，语义上可类比的词对通常在大规模语料库中可以发现与之相对应的句法依存对。使用 Skip-Gram 算法来训练句法依存的分布式表示，并且将之用于可类比词对的挖掘。

在 Skip-Gram 模型的使用中，词语是最主要的表示目标（Levy and Goldberg，2014b；Levy and Goldberg，2014a；Mikolov et al.，2013a），但事实上向量表示完全可以用于对其他结构（如字、短语）的表示上。例如，Mikolov 等（2013a）尝试以熟语（idiomatic phrase）作为表示目标。由一个中心词、一个从属词以及两者之间的句法关系构成的依存三元组，同样可以使用与词语 embedding 相类似的算法进行分布式表示，称为依存 embedding。

为了产生依存 embedding，将一个依存三元组 s 中的中心词和从属词各自的所有依存上下文的并集作为这个依存的上下文。例如，在图 9.1 的例句中，依存三元组<总统，毕业，SBV>的上下文包括四个元素：1991 年/ADV、奥巴马/ATT、于/CMP、法学院/POB_于。本书同样使用 Skip-Gram 算法来训练依存三元组的 embedding 表示。

9.4.2　基于自举的类比挖掘算法

本书提出一个基于自举的算法用于挖掘可类比依存三元组，该算法基于依存上下文生成的词语 embedding 和依存 embedding 进行。该算法是一个递归自举算法，其伪码如图 9.2 所示。

```
Input  : 依存embedding DT, 词语embedding
         DW, 种子依存三元组s, 阈值α与β.
Output : 排序后的依存三元组集合WP.
1  Function Mine (DT,DW,s,WP,α,β):
2  begin
3      DTSet =∅;
4      MScore =0;
5      SimDT =GetSimDT (DT,s);
6      for each Triple ∈ SimDT do
7          MWS =GetMWord (s);
8          HWS =GetHWord (s);
9          MWD =GetMWord (Triple);
10         HWD =GetHWord (Triple);
11         ScoreX =Sim (MWS,MWD,DW);
12         ScoreY =Sim (HWS,HWD,DW);
13         ScoreXY =ScoreX × ScoreY;
14         MScore =Max (ScoreXY,MScore);
15         TopK (ScoreXY,Triple,DTSet,α)
16     end
17     MScore =MScore × β ;
18     for each Triple, ScoreXY ∈ DTSet do
19         if ScoreXY > MScore and Triple ∉
           WP then
20             AddToSet (Triple,WP);
21             s =Triple;
22             Mine (DT,DW,s,WP,α,β);
23         end
24     end
25 end
26 WP =∅;
27 Mine (DT,DW,s,WP,α,β);
```

图 9.2　基于自举的类比挖掘算法

该算法中，主函数 Mine 为递归函数，该函数有五个参数：DT 为事先训练好的依存 embedding，DW 为事先训练好的词语 embedding，s 为给定的种子依存三元组，α 和 β 是两个阈值。其具体实现分为三个步骤。第 3~5 行为第一步，主要进行初始化工作。在这一步中，使用 DT 为 s 产生至多 100 个最相似的依存三元组，并且存储在 SimDT 中。DTSet 存储可类比的依存三元组集合，初始化为空集。

第 6～16 行为第二步，为 SimDT 中的每个依存三元组计算一个与 s 之间的相似度分数 ScoreXY。计算该相似度的方法是将两个三元组的中心词之间的相似度（通过词语 embedding 计算）和从属词之间的相似度相乘。将相似度分数排在前 α 的三元组及其相似度分数存入 DTSet。将 DTSet 中所有三元组的最大相似度值记为 MScore。

第 17～24 行为第三步，若一个 DTSet 中的依存三元组 Triple 的相似度分数大于 β×MScore，则将 Triple 作为一个新的种子，并调用 Mine 函数去挖掘更多的依存三元组。

以种子依存三元组<弹,钢琴,VOB>为例来说明 Mine 函数的工作流程。第一步中，使用依存 embedding 计算出与种子相似度较高的至多 100 个依存三元组（如<弹,吉他,VOB>、<弹,琴,VOB>），存储在 SimDT 中。第二步中，为 SimDT 中的每个依存三元组计算一个与种子之间的相似度，将相似度分数排在前 α 的三元组及其相似度分数存入 DTSet，设其中的最大相似度值为 MScore。第三步中，如果一个三元组的相似度分数大于（β×MScore），则以之作为新的种子并且调用 Mine 函数进行挖掘。例如，使用<弹,琴,VOB>作为种子可以发现新的三元组<弹,古筝,VOB>，使用<弹,古筝,VOB>作为种子又可以发现<吹,葫芦丝,VOB>和<吹,吹萨克斯,VOB>等。

9.5　实　　验

9.5.1　embedding 的具体实现

本书训练了三组词语 embedding：NG5（基于 n 元窗口上下文，n 等于 5，即上下文包括左右各 5 个词）、NG2（上下文包括左右各 2 个词）和 DEP（基于依存上下文），以及一组依存 embedding：DT（基于依存上下文）。所有embedding 均使用 Skip-Gram 模型计算，在具体实现上，NG5 和 NG2 使用WORD2VEC[①]训练，DEP 和 DT 使用 WORD2VECF[②]训练。在所有训练过程中，负采样（negative-sampling）参数值设置为 15。

上述 embedding 的训练均在一个大规模新闻文本集合[③]上进行，该集合包含

---

① 下载地址为 http://code.google.com/p/word2vec/。

② 下载地址为 https://bitbucket.org/yoavgo/word2vecf。

③ 该新闻集合为 2014 年多个网站的新闻，原下载地址为 http://pan.baidu.com/s/1o6wRjp4，现已失效。

1.7 亿个句子（约 34 亿个词语）。使用 ZPar 0.7 版中的 MVT 模块①对所有新闻文本进行汉语分词、词性标注和句法分析。ZPar 0.7 版中的 MVT 模块是在一个大规模标注语料库上训练而来，其对现代汉语文本的自动分析精度达到了领先水平，关于模块使用的分词、词性标注和句法标注体系可参见文献（Qiu et al.，2014）②和（邱立坤等，2015）。embedding 中的目标词语/依存三元组和上下文词语/依存三元组分别采用 100 和 10 作为最低频次对低频词语/依存三元组进行过滤。所有 embedding 均训练为 200 维向量。

9.5.2　评价数据集与评价标准

在评价汉语 embedding 时，使用了三个汉语数据集。embedding 是类比识别中的关键所在，但是现有文献却很少基于大规模数据集对中文 embedding 进行评价，因此首先在两个数据集上进行中文 embedding 的评价。第一个数据集是中文相似词集（Chinese wordsim，CWS）。该数据集由 English WordSim-353 Set 翻译而来，相似度分数则是由以汉语为母语的学生重新给出的（Jin and Wu，2012）。该数据集包含 297 个词对。第二个数据集是中文语义词典《同义词词林》。关于《同义词词林》的详细介绍可参见 3.2 节。下面实验中使用《同义词词林》的第三层类（总计 1428 类）。

使用的第三个汉语数据集是自行构建的语义类比问题集。该集合包含五种语义类比问题，包括<首都:国家>（136 个词对，18354 组类比问题，下同）、<省会:省>（28，756）、<城市:省>（637，386262）、<男性家庭成员:女性家庭成员>（18，306）、<货币:国家>（62，3782），总计约 40 万组类比问题。本书将该数据集命名为汉语类比问题集（Chinese analogy question set，CAQS）。

为了对中文和英文数据进行比较，本书还使用了一个英文类比问题集，即 Google 数据集③（Mikolov et al.，2013a），对 Levy 和 Goldberg（2014a）所训练的英文词语 embedding④在类比识别上的效果进行评价。在 CAQS 和 Google 数据集上，均使用 3COSMUL 方法基于相应的 embedding 来完成类比识别任务。

在 CWS 数据集上，采用两个常用的评价标准，即 Spearman 相关系数和 Kendall 相关系数（correlation coefficient）。在《同义词词林》上的评价采用 P@K 分数，即计算机所给出的前 K 个相似词的正确率。若计算机给出的一个相似词

---

① http://people.sutd.edu.sg//~yue_zhang/doc/doc/multiview.html。

② 该系统分词、联合分词和词性标注的 F 值分别为 96.1%、92.68%，依存分析的 UAS 值为 83.28%（该值是基于自动标注的词性评价的结果）。

③ http://code.google.com/p/word2vec/source/browse/trunk/questions-words.txt。

④ http://levyomer.wordpress.com/2014/04/25/dependency-based-word-embeddings/。

在《同义词词林》中与目标词属于同一个第三层语义类，则可以认为计算机对
该词的相似度计算结果是正确的。在 CAQS 和 Google 数据集上的评价直接采
用正确率。

9.5.3　基准实验结果

1. 词语相似

表 9.1 显示了三个汉语的词语 embedding 在《同义词词林》和 CWS 两个数
据集上的词语相似度评价结果。在两个数据集上，NG2 在所有评价指标上的结
果都明显好于 NG5。这一结果说明，在训练词语 embedding 以度量词语相似度
时，没有必要使用更大的窗口。这一结果与 Shi 等（2010）的结果互为补充，
后者的实验表明窗口为 2 的结果要优于窗口为 4 的结果。

表 9.1　《同义词词林》和 CWS 上的汉语 embedding 评价结果

数据集	评价标准	Embedding		
		NG5	NG2	DEP
《同义词词林》	P@1	43.30%	45.90%	43.60%
	P@5	31.10%	33.30%	32.60%
	P@10	25.50%	27.50%	27.50%
	P@20	20.50%	22.20%	22.70%
	P@50	15.00%	16.20%	17.00%
	P@100	11.50%	12.20%	12.80%
CWS	Kendall 系数	38.60%	44.10%	42.40%
	Spearman 系数	54.50%	62.20%	60.70%

在《同义词词林》和 CWS 两个数据集上，DEP 在 P@1 和 P@5 两个指标
上不如 NG2，但是在 P@10 一直到 P@100 的指标上都可以与 NG2 表现相当或
者更好。这说明，当评价的候选词集合增大时，DEP 的正确率更高。主要原因
是，与 DEP 相比，NG5 和 NG2 的结果中混入了大量的语义相关词语，它们使
得正确率有所降低。这与 Levy 和 Goldberg（2014a）的结论是一致的。

2. 类比识别

表 9.2 显示了三个汉语的词语 embedding 在 CAQS 数据集上的评价结果。
与《同义词词林》和 CWS 数据集上的结果不同，NG5 表现明显胜过 DEP，也
稍稍优于 NG2。表 9.3 中英文 embedding 在 Google 数据集上的评价结果也显示
了类似的趋势。

表 9.2 CAQS 上的汉语 embedding 评价结果

计算方法	关系类型	Embedding		
		NG5	NG2	DEP
基线方法（3COSMUL）	首都：国家	68.80%	52.70%	9.90%
	省会：省	84.00%	87.70%	50.00%
	城市：省	80.90%	80.30%	22.60%
	男性家庭成员：女性家庭成员	39.70%	45.10%	41.50%
	货币：国家	10.40%	9.90%	2.50%
	总计	80.00%	78.80%	22.00%
改进后的方法（IMP）	首都：国家	87.90%	88.00%	87.60%
	省会：省	84.90%	86.80%	84.90%
	城市：省	91.80%	92.00%	90.50%
	男性家庭成员：女性家庭成员	45.30%	48.00%	47.10%
	货币：国家	7.90%	7.00%	25.90%
	总计	90.90%	91.10%	89.80%

表 9.3 Google 数据集上的英语 embedding 评价结果

关系类型	Embedding		
	NG5	NG2	DEP
首都：常见国家	94.60%	84.50%	38.50%
首都：所有国家	71.50%	64.70%	14.20%
美国城市：美国州	53.20%	42.50%	13.10%
男性家庭成员：女性家庭成员	82.00%	81.20%	81.00%
货币：国家	10.50%	10.70%	6.00%
总计	63.70%	60.70%	38.80%

9.5.4 基准实验结果分析

1. 词语相似

为了分析三个汉语的词语 embedding 的性能差异，观察了"穿""关羽""郑州"等词语的 TOP5 相似词（表 9.4）。

表 9.4 NG2、NG5、DEP 相似词示例

目标词	NG5	NG2	DEP
穿	短裤，紧身，身穿，外套，裙子	身穿，身着，短裤，戴，紧身	身穿，身着，戴，改穿，外穿
打击	严打，严厉，黄赌，重拳，遏制	严打，严厉，惩治，黄赌，遏制	严打，震慑，黄赌，惩治，严惩
关羽	赵云，刘备，诸葛亮，张飞，曹操	赵云，刘备，张飞，曹操，夏侯渊	赵云，韩信，曹操，刘备，阿修罗
金庸	武侠小说，古龙，武侠，温瑞安，射雕	武侠小说，温瑞安，梁羽生，巴金，朱天文	吴承恩，王朔，沈从文，张爱玲，王鼎钧
郑州	石家庄，洛阳，西安，许昌，太原	石家庄，太原，济南，合肥，西安	合肥，济南，武汉，石家庄，南宁
河南	南阳，商丘，陕西，许昌，驻马店	陕西，驻马店，南阳，周口，商丘	湖北，平安河南，江西，陕西，湖南
烟台	威海，潍坊，临沂，滨州，淄博	威海，淄博，青岛，潍坊，临沂	潍坊，威海，济南，淄博，青岛
巴黎	法国，里昂，尼斯，伦敦，马德里	伦敦，马德里，法国，巴塞罗那，罗马	伦敦，纽约，里斯本，哥本哈根，柏林
埃及	突尼斯，穆尔西，利比亚，穆兄会，穆尔西	突尼斯，利比亚，委内瑞拉，阿富汗，也门	突尼斯，卢旺达，委内瑞拉，利比亚，巴基斯坦
计算机	电脑，软件，设备，电子，编程	电脑，微机，软件，仪器，微电子学	电脑，微机，工控机，机器，PC 机
苹果	iPhone，黑莓，三星，谷歌，诺基亚	黑莓，三星，iPhone，诺基亚，谷歌	黑莓，小米，谷歌，诺基亚，微软

从该表中可以发现，NG5 和 NG2 为动词"穿"计算出的相似词事实上不仅包括语义相似词"身穿、身着、戴"，也包括语义相关词"短裤、紧身、外套、裙子"，其中 NG2 给出的相似词中语义相似词更多；而 DEP 计算出的相似词则均为语义相似词。动词"打击"的情况与此类似，NG5 的语义相关词多于 NG2，NG2 则多于 DEP。

人名的问题比较复杂。人名本质上都属于指人名词，可以归为一个大类，进一步细分的话可以按照古今时代、身份、国家等多个角度进行归类，所以很难就哪个归类角度更重要达成一致。例如，三个 embedding 为"关羽"给出的

相似词均为人名，NG5 的结果中包括"诸葛亮"，其与"关羽"属于同一个国家；DEP 的结果中出现了"韩信"，与"关羽"同属于武将。严格来讲，"关羽"与"韩信"属语义上相似，与"诸葛亮"则属于语义上相关，但普通人一般会感觉"关羽"与"诸葛亮""夏侯渊"语义上更近一些。

"金庸"一词的相似词结果则比较清楚，基本倾向与"穿"的结果一致：NG5 的语义相关词多于 NG2，NG2 则多于 DEP。但是在 DEP 的结果中排名靠前的并非与金庸同类的武侠小说作家。"郑州、河南、烟台、巴黎、埃及"等地名词语和"计算机、苹果"等词语的相似词结果也反映了类似的趋势。值得说明的是，对于"苹果"这个多义词，在语料库中计算出的结果表明其占优势地位的义项指的是美国的苹果公司及其品牌，而指水果的义项则没有显现出来。

2. 类比识别

正如第 9.2.3 节所说，类比识别任务中，3COSADD 和 3COSMUL 两种方法本质上都是在寻找一个与词语 b 和 $a*$ 尽可能相似且与词语 a 尽可能不相似的词语 $b*$。理想情况下，两个词 $b:b*$ 和 $a:a*$ 每个词对中的两个词语义相似，而 $a:b$ 和 $a*:b*$ 中的两个词语义相关。因此，这两种方法本质上都要求 embedding 为语义上相似的词和语义上相关的词均给出较高的相似度分数。

上述分析表明基于窗口上下文的 embedding 更倾向于将语义相关词和语义相似词混在一起，而基于依存上下文的 embedding 则更善于捕获语义相似。正如表 9.2 所示，基于依存上下文的 embedding 的结果明显不如基于窗口上下文的 embedding，这一结果在一定程度上可以从上述分析得到解释。

正如表 9.2 和表 9.3 所示，类比识别任务中不同语义关系的正确率差异很大，低的仅有 10%，高的则能达到 94%，这说明类比识别任务受到一些复杂的未知因素的影响。一个可能的原因是某些类型语义关系中的两个词在语料分布上没有明显的规律，比如<男性家庭成员:女性家庭成员>虽然可以在语料库中找到一些对应的句法依存结构实例，但这些实例在频次上与<男性家庭成员:男性家庭成员>和<女性家庭成员:女性家庭成员>的实例没有太大区别，因而使得很难将男性与女性区分开来以建立<男性:女性>的类比关系。与之相比，<首都:国家>这样的语义关系可以找到很多定中结构的实例，如"英国伦敦、法国巴黎"，而国家与国家之间、首都与首都之间通常呈现为并列结构。

9.5.5　改进的类比识别实验结果

表 9.2 中还显示了本书所提出的 IMP 方法（参见第 9.3 节）在 CAQS 数据集上的结果。与基线方法（即 Levy 和 Goldberg 的 3COSMUL 方法）相比，IMP 方法的性能有显著提升，在 NG5 上从 80.0%提高到 90.9%；在 DEP 上的提升幅

度更大，从 22.0%到 89.8%。性能提升的主要原因是基于词性和句法结构的过滤成功地去掉了大量噪声。

错误分析表明，IMP 方法的主要错误类型与基线方法的错误类型迥异。例如，基线方法在识别<城市:省>关系（如"烟台:山东"）时，主要的错误是将另外一个省（如"辽宁"）当作答案；而 IMP 方法却可能错误地将国家当作答案。这是因为不相关的省份很少与目标城市形成特定的句法搭配，因此被本书的方法过滤掉了；但是，国家和省份都可以与城市名形成特定的句法搭配（如"中国烟台、山东烟台"），IMP 方法无法对国家省份进行区分。这是以后可以考虑进一步予以提升的地方。

9.5.6　类比挖掘实验结果

如表 9.5 所示，实验中使用了六个依存三元组作为种子，进行了六组类比挖掘实验。第一个种子用作开发集，其他种子作为测试集。前三个种子代表<用途:事物>关系，第四个种子代表<产生方式:事物>关系，最后两个种子代表<处所整体:处所部分>关系。

表 9.5　类比挖掘实验结果

种子三元组	结果三元组数量	正确率
吃，苹果，VOB	572	84.70%
弹，钢琴，VOB	142	40.49%
穿，衣服，VOB	452	67.37%
写，小说，VOB	441	53.40%
中国，北京，ATT	2224	95.23%
湖北，武汉，ATT	3201	96.34%

在类比挖掘实验中，使用第 9.4.2 节中所描述的基于自举的算法，α 和 β 分别设置为 20 和 0.6，这两个参数都是在开发集上调试所得。在评价时，每个种子和相应的挖掘结果（即挖掘到的依存三元组集合）被呈现给两个评价人员，评价人员对每个依存三元组给出"是/否"的回答："是"表示该三元组与相应的种子属于同一种语义关系，"否"则表示该三元组与相应的种子不属于同一种语义关系。本书将两个评价人员评价分数的平均值作为最终的正确率分数。在六个集合上，两个评价人员之间的平均标注一致率为 0.95。

从表 9.5 可以看出，使用不同种子进行挖掘的结果的正确率差异很大，从40%到96%。一个可能的原因是，不同语义关系的可类比依存三元组的数量原本就有较大差别，从几十个到几千个，而本书所使用的参数却是相对固定的，并不能很好地适用于所有的语义关系。比如"弹"与可类比的动作"吹、拉"都属于人类的动作且可以作用于乐器,而乐器的数量是很有限的;"吃"和"喝"同样属于人类的动作,分别可以作用于食物和饮料,但是食物和饮料的种类数要远远大于乐器的数量。对于<弹,钢琴,VOB>这个种子三元组,其挖掘出来的结果中包括<拿,剪子,VOB>和<拿,电筒,VOB>,"拿"同样属于人类的动作,但是并不能被视为"剪子"和"电筒"的用途。虽然该方法的正确率较低,但仍然可以为人类提供有用的帮助,从几百个候选中挑选的难度要远远小于从几十万甚至更多的搭配中进行选择,也能比个人内省覆盖更多的可类比三元组,弥补个人内省知识的不足。

本书还尝试着评价了该算法的召回率,具体做法是:将 CAQS 数据集中的前三个类别的词对作为黄金标准数据集(包含 801 个词对),用来评价类比挖掘算法的召回率。这三个类别为<首都:国家>(136 个词对)、<省会:省>(28 个词对)、<城市:省>(637 个词对),都属于<处所部分:处所整体>这个大的语义关系类别。本书选择<湖北,武汉,ATT>和<中国,北京,ATT>两个种子进行挖掘。挖掘到的三元组集合与黄金标准数据集的交集占黄金标准数据集的比例即可视为该算法的召回率。这两个三元组集合的召回率分别为 50.2%和 11.3%;若将两个三元组集合合并起来,所得集合的召回率则为 56.8%。事实上,对于同一类关系,完全可以提供更多的种子,此时召回率还可以进一步提高。

结　　语

基于前面几章的工作，尝试回答在第 1 章所提出的问题：从面向计算机的角度看，词的语法属性（语义属性）与内部特征关系更密切还是与外部特征关系更密切？换言之，在内外结合原则中，内部特征与外部特征各自的地位是什么样的，两者之间的关系是什么样的？

内部特征的优点在于绝大多数词语的词类和语义类与内部特征之间存在着密切的相关关系，其缺点在于内部特征歧义问题比较严重。外部特征的优点在于具有一定的消歧能力，其缺点在于：①在词类判断方面，由于目前只能使用上下文中的词语直接充当外部特征，所以外部特征很多时候并不能代表词语的用法。②在语义类判断方面，用法有时反映的是句法特征，有时反映的是语义特征，它不能完全地体现出细粒度语义类之间的差别。比如"阿妈、阿爸"是一类，"姑妈、姨妈"是一类，两类都属于亲属称谓，但一类是直系亲属，一类是非直系亲属，两类之间的区别主要是社会学意义上的区别，反映到语言使用中则没有太大的区别。因此使用外部特征来区分这些细粒度的语义类往往力不从心。③有些词语在语料库中检索不到足够多的例句。因此，总体上来说，内部特征与词语整体属性的关系要更密切一些。

实验也表明，无论是在未登录词词类判断上还是在语义类判断上，内部特征的表现都要优于外部特征，这说明现代汉语未登录词（尤其是复合词）的词类和语义类与内部成分的关联比与外部特征的关系更密切；虽然基于外部特征的方法表现不如基于内部特征的方法，但是如果能够很好地将内部特征与外部特征方法结合起来，可以获得优于单独使用内部特征方法的结果，其根源在于外部特征具有一定的消解歧义的作用。内外结合原则应该也适用于判断汉语未登录词的其他属性，如未登录词的情感类别，本书暂时没有进行这方面的工作。

具体来说，基于内外结合原则进行了以下工作。

（1）将平行原则具体化和概率化，自动抽取数百条双向平行类推和成对替换类推规则。

（2）提出一个汉语未登录词词类判断算法，该算法以字为基本结构单位，将未登录词词类判断视为一个序列标注问题，同时整合语言学家总结的词类判断规则，与前人的结果相比获得较大幅度的提高。

（3）提出一个基于内部特征的汉语未登录词语义类标注算法，该算法包括两个子模型，第一个子模型基于双向平行类推和成对替换类推的思想，从词典中自动抽取数百条构词规则，对部分词语的处理获得较高的正确率；第二个子模型以字为基本结构单位，将未登录词语义类判断视为一个序列标注问题；本书所提出的这两个子模型结合前人提出的一个子模型，最终获得的模型相比于前人基于内部特征的模型有较大幅度的提高。

（4）提出一个结合内部特征与外部特征的汉语未登录词语义类标注算法，该算法基于汉语中字的表义性，以字为纽带，结合上下文分布，获得了迄今为止精度最高的未登录词语义类标注模型；不仅优于单独使用内部特征的模型，而且远远好于单独使用外部特征的模型。

（5）基于外部特征来进行词语相似和关系相似计算。使用 Skip-Gram 模型训练分布式词语表示和依存表示，来解决汉语关系相似计算任务，包括类比识别和类比挖掘。在汉语类比识别方面，比较了基于窗口上下文和基于依存上下文的 embedding，发现前者的表现通常会优于后者；还观察到汉语中的语义关系一般会体现为相应的句法依存结构。基于此，使用基于依存上下文的词语embedding 改进了类比识别方法。进一步，提出了一种自举方法进行汉语类比挖掘工作，该算法中使用了对句法依存三元组的分布式表示。

（6）实验初步证明了提出的方法在语义词典修正（缺失义项和不当义项的自动发现）和语义词典辅助扩充上的有效性。

参考文献

陈保亚. 1999. 20 世纪中国语言学方法论. 济南：山东教育出版社

陈保亚. 2005. 再论平行周遍原则和不规则字组的判定. 汉语学习，（1）：9-13

陈保亚. 2006. 论平行周遍原则与规则语素组的判定. 中国语文，（2）：99-108

陈保亚. 2009. 当代语言学. 北京：高等教育出版社

陈群秀. 2001. 现代汉语名词槽关系系统的研究和设计//JSCL-2001 会议论文集. 北京：清华大学出版社

董秀芳. 2004. 汉语的词库与词法. 北京：北京大学出版社

冯志伟. 2008. 统计自然语言处理·序二. 北京：清华大学出版社

傅爱平. 2003. 汉语信息处理中单字的构词方式与合成词的识别和理解，（4）：25-33

符淮青. 1981. 词义和构成它的语素义的关系. 辞书研究，（3）：98-110

符淮青. 1985. 现代汉语词汇. 北京：北京大学出版社

郭锐. 2002. 现代汉语词类研究. 北京：商务印书馆

何燕. 2006. 面向领域本体进化的术语提取及术语层次关系发现. 北京大学博士论文

黄萱菁，吴立德，王文欣，等. 1996. 基于机器学习的无需人工编制词典的切词系统. 模式识别与人工智能，（4）：297-303

亢世勇. 2004. 基于数据库的现代汉语语义构词初探//第五届中文词汇语义学学术会议论文集. 新加坡：新加坡国立大学出版社，还发表于《汉语语言与计算学报》，2005，（2）：103-112

黎良军. 1995. 汉语词汇语义学论稿. 广西：广西师范大学出版社

刘叔新. 1990a. 汉语描写词汇学. 北京：商务印书馆

刘叔新. 1990b. 复合词结构的词汇属性-兼论语法学、词汇学同构词法的关系. 中国语文，（4）：10-14

刘挺，吴岩，王开铸. 1998. 串频统计和词匹配相结合的汉语自动分词系统. 中文信息学报，（1）：18-26

陆志韦. 1964. 汉语构词法. 北京：科学出版社

梅家驹，竺一鸣，高蕴琦，等. 1983. 同义词词林. 上海：上海辞书出版社

彭迎喜. 1995. 几种新拟设立的汉语复合词结构类型. 清华大学学报（哲学社会科学版），（2）：34-36

邱立坤. 2004. 现代汉语定中式动名短语研究. 北京大学硕士论文

邱立坤. 2005. 现代汉语动名语串结构关系的判定. 汉语语言与计算学报，（3）：173-183

邱立坤，金澎，王厚峰.2015. 基于依存语法构建多视图汉语树库. 中文信息学报， 3：9-15

邱立坤，张晓巧，毛宁. 2009a. 现代汉语复合词内部结构词典的构建. 中国计算语言学研究前沿进展（2007—2009），中国烟台

邱立坤，张晓巧，毛宁. 2009b. 现代汉语双音词内部结构分析方法//第十届汉语词汇语义学研讨会论文集. 中国烟台

邵敬敏，等. 2001. 现代汉语通论. 上海：上海教育出版社

石定栩. 2002. 复合词与短语的句法地位——从谓词类定中结构说起. 语法研究和探索（十一），北京：商务印书馆

宋春阳. 2005.面向信息处理的现代汉语"名+名"逻辑语义研究. 上海：学林出版社

宋作艳. 2004. 现代汉语字化现象研究. 北京大学硕士论文

苏宝荣. 1999. 汉语语素组合关系与辞书释义. 辞书研究，（4）：7-16

索绪尔. 2007.普通语言学教程. 北京：商务印书馆

王洪君. 1999. "逆序定中"辨析. 汉语学习，（2）：8-10

王洪君. 2005. 动物、身体两义场单字组构两字的结构模式. 语言研究，（1）：1-11

王惠. 2004. 现代汉语名词词义组合分析. 北京：北京大学出版社

王玲玲. 2005. 汉语述宾/偏正结构的歧义研究. 首都师范大学博士论文

王希杰. 2002. 复合词深层结构和表层结构及其理据性. 扬州大学学报·人文社会科学版，（3）：41-45

王珏. 2001. 现代汉语名词研究. 上海：华东师范大学出版社

翁富良，王野翊. 1998. 计算语言学导论. 北京：中国社会科学出版社

吴静. 2006. 图式理论与当代汉语名名复合词的解读. 上海：上海外国语大学

徐通锵. 1997. 语言论：语义型语言的结构原理和研究方法. 长春：东北师范大学出版社

徐艳华. 2006. 现代汉语实词语法功能考察及词类体系重构. 南京师范大学博士论文

颜红菊. 2007. 现代汉语复合词语义结构研究. 首都师范大学博士论文

杨梅. 2006. 现代汉语合成词构词研究. 南京师范大学博士论文

杨同用. 2002. 汉语构词研究与语言信息处理.河北师范大学学报：哲学社会科学版，（2）：84-86

叶文曦. 1996. 汉语字组的语义结构. 北京大学博士论文

尹斌庸. 1984. 汉语语素的定量研究. 中国语文，（5）：338-347

俞士汶. 1999. 自然语言理解与语法研究. 马庆株编《语法研究入门》240-251，北京：商务印书馆

俞士汶. 2003. 现代汉语短语结构知识库规格说明书. 汉语语言与计算学报，（2）：215-226

俞士汶，段慧明，朱学峰，等. 2003. 北大语料库加工规范：切分·词类标注·注音. 汉语语言与计算学报，第 2 期

俞士汶，朱学锋，王惠. 1998. 现代汉语语法信息词典详解. 北京：清华大学出版社

袁毓林. 2005a. 基于隶属度的汉语词类的模糊划分. 中国社会科学，（1）：164-177

袁毓林. 2005b. 现代汉语虚词模糊划分的隶属度量表. 汉语学报, (4): 12-21

袁毓林, 马辉, 周韧, 等. 2009. 汉语词类划分手册. 北京: 北京语言大学出版社

苑春法, 黄昌宁. 1998. 基于汉语语素数据库的汉语语素构词研究. 语言文字应用, (1): 7-12

詹卫东. 1999. 面向中文信息处理的现代汉语短语结构规则研究. 北京: 清华大学出版社

张灵秀. 1997. 汉语复合词结构类型及其判定. 天津外国语学院学报, (1): 70-75

周荐. 1991. 复合词词素间的意义结构关系. 语言研究论丛 (第六辑). 天津: 天津教育出版社

周荐, 杨世铁. 2006. 汉语词汇研究百年史. 北京: 外语教学研究出版社

周强, 孙茂松, 黄昌宁. 2000. 汉语最长名词短语的自动识别. 软件学报, (2): 195-201

朱德熙. 1982. 语法讲义. 北京: 商务印馆

朱德熙. 1983. 语法答问. 北京: 商务印书馆

朱彦. 2004. 现代汉语复合词语义构词研究. 北京: 北京大学出版社

朱彦. 2008. 创造性类推构词中词语模式的范畴扩展. 中国语文, (2): 146-161

宗成庆. 2008. 统计自然自然处理. 北京: 清华大学出版社

Andreevskaia A, Bergler S. 2006. Mining WordNet for fuzzy sentiment: sentiment tag extraction from WordNet glosses // Proceedings of the 11th Conference of the European Chapter of the Association for Computational Linguistics: EACL 2006, Trento, Italy:209-216

Bansal M, Gimpel K, Livescu K. 2014. Tailoring continuous word representations for dependency parsing // Proceedings of ACL, Baltimore, Maryland

Beamer B, Rozovskaya A, Girju R. Automatic semantic relation extraction with multiple boundary generation // Proceedings of AAAI, Chicago

Bengio Y, Ducharme R, Vincent P, et al. 2003. A neural probabilistic language model. Journal of Machine Learning Research, 3:1137-1155

Bollegala D, Matsuo Y, Ishizuka M. 2008. www sits the sat: measuring relational similarity on the web // ECAI, Patras, Greece: 333-337

Che W, Li Z, Li Y, et al. 2009. Multilingual dependency-based syntactic and semantic parsing // Proceedings of the Thirteenth Conference on Computational Natural Language Learning (CoNLL): Shared Task, Boulder, Colorado: 49-54

Che W, Li Z, Liu T. 2010. LTP: A Chinese language technology platform // Proceedings of COLING, Beijing, China: 13-16

Chen C. 2004. Character-sense association and compounding template similarity: automatic semantic classification of Chinese compounds//Proceedings of the 3rd SIGHAN Workshop on Chinese Language Processing, Barcelona, Spain: 33-40

Chen K, Chen C. 2000. Automatic semantic classification for Chinese unknown compound nouns // Proceedings of the 18th International Conference on Computational Linguistics, Saarbrucken, Germany: 173-179

Chen H, Lin C. 2000. Sense-tagging Chinese Corpus // Proceedings of the 2nd Chinese Language Processing Workshop, Hongkong, China: 7-14

Chen C, Bai M, Chen K. 1997. Category guessing for Chinese unknown words // Proceedings of the Natural Language Processing Pacific Rim Symposium, Phuket, Thailand: 35-40

Chiu A, Poupart P, DiMarco C. 2007. Generating lexical analogies using dependency relations // Proceedings of EMNLP-CoNLL 2007, Prague, Czech Republic: 561-570

Ciaramita M, Johnson M. 2003. Supersense tagging of unknown nouns in WordNet // Proceedings of the 2003 Conference on Empirical Methods on Natural Language Processing, Sapporo, Japan

Clark S, Weir D. 2002. Class-based probability estimation using a semantic hierarchy. Computational Linguistics, 28（2）:187-206

Collobert R,Weston J. 2008. A unified architecture for natural language processing: deep neural networks with multitask learning // Proceedings of ICML, ACM, New York, USA: 160-167

Curran J. 2005. Supersense tagging of unknown nouns using semantic similarity // Proceedings of the 43rd Annual Meeting of the Association for Computational Linguistics, Ann Arbor: 26-33

Dong Z , Dong Q. 2006. HowNet and the Computation of Meaning. World Scientific Publishing Co., Inc. River Edge, NJ, USA

Esuli A, Sebastiani F. 2007. PageRankingWordNet synsets: an application to opinion mining // Proceedings of the 45th Annual Meeting of the Association of Computational Linguistics, Prague, Czech: 424-431

Fellbaum C. 1998. WordNet: An Electronic Lexical Database. Cambridge: MIT Press

Goh C,Asahara M, Matsumoto Y. 2006. Machine learning-based methods to chinese unknown word detection and POS tag guessing. //Journal of Chinese Language and Computing, 16（4）:185-206

Harris Z S. 1951. Methods in structural linguistics. Chicago: University of Chicago Press

Herdağdelen A, Baroni M. 2009. Bagpack: a general framework to represent semantic relations // Proceedings of the Workshop on Geometrical Models of Natural Language Semantics, Stroudsburg, PA, USA: 33-40

Herrera J, Penas A, Verdejo F. 2006. Textual Entailment Recognition Based on Dependency Analysis and WordNet Machine Learning Challenges. Springer Berlin / Heidelberg: 231-239

Hudson R. 1984. Word Grammar. Oxford: Basil Blackwell Publishers Limited

Ide N, Véronis J. 1998. Introduction on the special issue on word sense disambiguation: the state of the art. Computational Linguistics, 24（1）:2-40

Jin G, Chen X. 2008. The fourth international Chinese language processing bakeoff: Chinese word segmentation, named entity recognition and Chinese POS tagging // Proceedings of Sixth SIGHAN Workshop on Chinese Language Processing, Hyderabad, India: 69-81

Jin P, Wu Y. 2012. Semeval-2012 task 4: evaluating Chinese word similarity // Proceedings of the Sixth International Workshop on Semantic Evaluation, Montreal, Canada: 374-377

Johnson M, Busa F. 1996. Qualia structure and the compositional interpretation of compounds // Viegas, E. and S. Nirenburg （eds.） - Proceedings of SIGLEX Workshop on Depth and Breadth of Semantic Lexicons, Santa Cruz, CA

Jurgens D, Turney P D, Mohammad S M, et al. 2012. Semeval-2012 task 2: measuring degrees of relational similarity // Proceedings of the Sixth International Workshop on Semantic Evaluation. Association for Computational Linguistics, Montreal, Canada: 356-364

Kudo T. 2005. CRF++: Yet Another CRF toolkit. http://crfpp.sourceforge.net/

Lafferty J, McCallum A, Pereira F. 2001. Conditional random fields: probabilistic models for segmenting and labeling sequence data // Proceedings of International Conference on Machine Learning

Levin B. 1993. English verb classes and alternations: a preliminary investigation. Chicago: University of Chicago Press

Levy O, Goldberg Y. 2014a. Dependency-based word embeddings // Proceedings of ACL, Baltimore, Maryland: 302-308

Levy O, Goldberg Y. 2014b. Linguistic regularities in sparse and explicit word representations // Proceedings of CONLL, Ann Arbor, Michigan: 171-180

Lu X. 2005. Hybrid methods for POS guessing of Chinese unknown words // Proceedings of the 43th Annual Meeting of Association for Computational Linguistics Student Research Workshop, Ann Arbor, Michigan: 1-6

Lu X. 2007. Hybrid models for semantic classification of Chinese unknown words // Proceedings of NAACL HLT 2007, Rochester, NY, USA: 188-195

Lu X. 2008a. Improving part-of-speech guessing of Chinese unknown words using hybrid models. International Journal of Corpus Linguistics, 13(2): 169-193

Lu X. 2008b. Hybrid models for sense guessing of Chinese unknown words. International Journal of Corpus Linguistics, 13 （1） :99-128

Medin D L, Goldstone R L, Gentner D. 1990. Similarity involving attributes and relations: judgments of similarity and difference are not inverses. Psychological Science, 1(1): 64-69

Mikolov T, Chen K, Corrado G, et al. 2013a. Efficient estimation of word representations in vector space. arXiv preprint arXiv: 1301.3781

Mikolov T, Yih W, Zweig G. 2013b. Linguistic regularities in continuous space word representations // HLT-NAACL, Citeseer, Atlanta, Georgia, USA: 746-751

Mnih A, Hinton G. 2007. Three new graphical models for statistical language modelling // Proceedings of ICML, ACM, Corvallis, Oregon, USA: 641-648

Nakagawa T, Matsumoto Y. 2006. Guessing parts-of-speech of unknown words using global information // Proceedings of the 21st International Conference on Computational Linguistics and 44th Annual Meeting of Association for Computational Linguistics, Sydney, Australia: 705-712

Nie J, Jin W, et al. 1994. A hybrid approach to unknown word detection and segmentation of Chinese // Proceedings of International Conference on Chinese Computing, Singapore: 405-412

Packard L. 2000. The morphology of Chinese: a linguistic an cognitive approach. Cambridge:

Cambridge University Press

Partee B. 2004. Compositionality in Formal Semantics: Selected Papers by Barbara H. Partee. Oxford: Blackwell Publishing

Pekar V, Staab S. 2003. Word classification based on combined measures of distributional and semantic similarity // Proceedings of 10th Conference of the European Chapter of the Association for Computational Linguistics

Ponzetto S, Strube M. 2006. Exploiting semantic role labeling, WordNet and wikipedia for coreference resolution // Proceedings of the Human Language Technology Conference of the North American Chapter of the ACL, New York, USA: 192-199

Preiss J, Stevenson M. 2004. Introduction to the special issue on word sense disambiguation. Computer Speech & Language, 18（3）:201-207

Pustejovsky J. 1995. The Generative Lexicon. Cambridge: MIT Press

Qiao W, Sun M. 2009. Incorporate web search technology to solve out-of-vocabulary words in Chinese word segmentation // Proceedings of Paclic, Hongkong, China 23: 454-463

Qiu L, Hu C, Zhao K. 2008. A method for automatic pos guessing of chinese unknown words // Proceedings of the 22nd International Conference on Computational Linguistics （Coling 2008）, Manchester, UK: 705-712

Qiu L, Zhao K, Hu C. 2009. A hybrid model for sense guessing of Chinese unknown words // Proceedings of 23rd Pacific Asia Conference on Language, Information and Computing （PACLIC23）, HongKong, China

Qiu L, Wu Y, Shao Y. 2011. Combining contextual and structural information for supersense tagging of Chinese unknown words //Computational Linguistics and Intelligent Text Processing, Springer: 15-28

Qiu L, Zhang Y, Jin P, et al. 2014. Multi-view chinese treebanking //Proceedings of COLING, Dublin, Ireland: 257-268

Rozovskaya A, Beamer B, Girju R. 2008. Experiments with SemScat2 in the task of semantic relation extraction//Proceedings of the 5th Midwest Computational Linguistics Colloquium （MCLC）, Michigan （This paper provides more details on the experiments performed for and described in the AAAI paper）

Séaghdha D, Copestake A. 2009. Using lexical and relational similarity to classify semantic relations // Proceedings of EACL 2009, Athens, Greece: 621-629

Shi S, Zhang H, Yuan X, et al. 2010. Corpus-based semantic class mining: distributional vs. pattern-based approaches // Proceedings of COLING, Beijing: 993-1001

Socher R, Lin C C, Manning C, et al. 2011. Parsing natural scenes and natural language with recursive neural networks // Proceedings of ICML, Bellevue, Washington, USA: 129-136

Sporat R, Shih C. 1993. A statistical method for finding word boundaries in Chinese text // Computer Processing of Chinese and Oriental Languages, 4(4): 336-351

Sun M, Shen D, Tsou B. 1998. Chinese word segmentation without using lexicon and handcrafted training data // Prceedings of 36th ACL and 17th Coling, Montreal, Canada: 1265-1271

Tseng H. 2003. Semantic classification of Chinese unknown words // Proceedings of ACL-2003 Student Research Workshop: 72-79

Turian J, Ratinov L, Bengio Y. 2010. Word representations: a simple and general method for semi-supervised learning // Proceedings of ACL, Uppsala, Sweden: 384-394

Turney P, Littman M. 2005. Corpusbased learning of analogies and semantic relations. Machine Learning, 60（1-3）:251-278

Turney P. 2006. Similarity of semantic relations. Computational Linguistics, 32（3）:379-416

Turney P. 2013. Distributional semantics beyond words: supervised learning of analogy and paraphrase. arXiv preprint arXiv:1310.5042

Vail D, Veloso M M, Lafferty J D. 2007. Conditional random fields for activity recognition. //Proceedings of 2007 International Joint Conference on Autonomous Agents and Multi-agent Systems

Widdows D. 2003. Unsupervised methods for developing taxonomies by combining syntactic and statistical information.//Proceedings of HLT-NAACL, Edmonton, USA: 197-204

Wu A, Jiang Z. 2000. Statistically-enhanced new word identification in a rule-based Chinese system // Proceedings of the 2nd Chinese Language Processing Workshop, Hongkong, Cina: 46-51

Xiong D, Li S, Liu Q, et al. 2005. Parsing the penn Chinese treebank with semantic knowledge. //Natural Language Processing-IJCNLP 2005, Springer: 70-81

Xue N, Shen L. 2003. Chinese word segmentation as LMR tagging // Proceedings of the Second SIGHAN Workshop on Chinese Lanugage processing:176-179

Xue N, Converse S. 2002. Combining classifiers for Chinese word segmentation // Proceedings of the First SIGHAN Workshop on Chinese Language Processing, Sapporo, Japan

Yarowsky D. 1992. Word-Sense disambiguation using statistical models of roget's categories trained on large corpora // Proceedings of the 15th International Conference on Computational Linguistics, Nantes, France: 454-460

Zhang M, Zhang Y, Che W, et al. 2014. A semantics oriented grammar for Chinese treebanking. //Computational Linguistics and Intelligent Text Processing, Springer: 366-378

Zhang H, et al. 2003. HHMM-based Chinese lexical analyzer ICTCLAS.//The Second Sighan Workshop on Chinese Language Processing, Sapporo, Japan: 758-761

Zhang K. ICTCLAS1.0. http://www.nlp.org.cn/ project/project.php?proj_id=6

Zhang Y, Clark S. 2011. Syntactic processing using the generalized perceptron and beam search. Computational Linguistics, 37（1）:105-151

Zhao H, Huang C, Li M. 2006. An improved Chinese word segmentation system with conditional random fields // Proceedings of the Fifth SIGHAN Workshop on Chinese Language Processing: 162-165

附 录①

附录 A 双向平行类推规则示例（后字为共同成分）②

1）Di02 Cb25

正例：121 安阳市 巴黎市 蚌埠市 包头市 保定市 宝鸡市 北平市 本溪市 波恩市 布鲁塞尔市 沧州市 常熟市 常州市 潮州市 郴州市 承德市 赤峰市 滁州市 大连市 大同市……

反例：30 长沙市 城市 成都市 都市 福州市 广州市 贵阳市 哈尔滨市 杭州市 合肥市 济南市 昆明市 拉萨市 兰州市 南昌市 南京市 南宁市 上海市 深圳市 沈阳市……

2）Ad02 Di02

正例：56 阿尔巴尼亚人 阿拉伯人 奥地利人 澳大利亚人 巴西人 本国人 比利时人 玻利维亚人 波斯人 德国人 芬兰人 哥伦比亚人 古巴人 国人 荷兰人 华人 几内亚人 加拿大人 加纳人 捷克人……

反例：5 外省人 乡人 保人 道人 强人

3）Di02 Di02

正例：41 滨州市 丹东市 邓州市 定州市 鄂州市 盖州市 赣州市 哥德堡市 吉林市 冀州市 江山市 荆州市 莱州市 林州市 罗马市 梅州市 南阳市 宁国市 彭州市 萍乡市……

反例：0

---

① 附录中的双向平行类推规则与成对平行类推规则均是从《词林》中自动抽取所得，为保持同义词词林的原样，未对这些规则中错误的词进行修正。对《词林》进行修正和完善是另外的工作，本书暂不涉及。有些规则的正例和反例过多，省略了一些例子，凡是用省略的，在后面一律用"……"表示。

② 示例格式如下：

词语语义类　成分语义类

正例：正例数　正例列表

反例：反例数　反例列表

4）Al02　Dk03

正例：32　地理学家 地质学家 动物学家 法学家 古人类学家 古生物学家 汉学家 建筑学家 教育学家 经济学家 考古学家 科学家 美学家 农学家 人类学家 社会科学家 社会学家 神学家 生理学家 生态学家……

反例：0

5）Cb25　Cb25

正例：30　长沙市 城市 成都市 都市 福州市 广州市 贵阳市 哈尔滨市 杭州市 合肥市 济南市 昆明市 拉萨市 兰州市 南昌市 南京市 南宁市 上海市 深圳市 沈阳市……

反例：121　安阳市 巴黎市 蚌埠市 包头市 保定市 宝鸡市 北平市 本溪市 波恩市 布鲁塞尔市 沧州市 常熟市 常州市 潮州市 郴州市 承德市 赤峰市 滁州市 大连市 大同市 ……

6）Di02　Di02

正例：27　安徽省 察哈尔省 福建省 甘肃省 广东省 广西省 贵州省 海南省 河北省 河南省 黑龙江省 湖北省 湖南省 吉林省 江苏省 江西省 辽宁省 青海省 山东省 山西省……

反例：0

7）Di02　Cb25

正例：27　安阳县 滨海县 长安县 长沙县 故城县 邯郸县 和田县 红安县 惠安县 嘉定县 开封县 辽阳县 满城县 莆田县 清河县 绍兴县 市县 乌鲁木齐县 无锡县 芜湖县……

反例：0

8）Cb25　Di03

正例：27　北京市 长春市 长沙市 成都市 都市 福州市 广州市 贵阳市 哈尔滨市 合肥市 济南市 昆明市 拉萨市 兰州市 南昌市 南京市 南宁市 石家庄市 台北市 太原市 ……

反例：16　阿比让市 巴黎市 布鲁塞尔市 布宜诺斯艾利斯市 多伦多市 汉城市 呼和浩特市 罗马市 洛阳市 莫斯科市 平壤市 维也纳市 乌鲁木齐市 新德里市 耶路撒冷市 渥太华市

9）Di02　Be04

正例：24　苍山县 方山县 光山县 黑山县 衡山县 霍山县 京山县 梁山县 龙山县 芦山县 鲁山县 罗山县 眉山县 盘山县 皮山县 平山县 通山县 铜山县 巫山县 象山县……

反例：0

10）Bh01　Bh01

正例：23　白杨树　白桦树　柏树　枫树　槐树　栗树　柳树　泡桐树　菩提树　杉树　梧桐树　橡树　银杏树　榆树　樟树　棕树　柞树　枇杷树　枞树　桦树……

反例：0

11）Af10　Di09

正例：23　班长　部长　处长　大队长　党小组长　分队长　分局长　工段长　股长　管理局长　柜组长　局长　军事部长　科长　课长　事务部长　室长　司长　厅长　小组长……

反例：8　军长　连长　旅长　排长　师长　团长　营长　中队长

12）Di03　Di03

正例：19　北京市　长春市　长沙市　成都市　广州市　贵阳市　哈尔滨市　合肥市　济南市　昆明市　拉萨市　兰州市　南昌市　南京市　南宁市　石家庄市　天津市　银川市　重庆市

反例：24　都市　福州市　台北市　太原市　武汉市　西安市　西宁市　郑州市　阿比让市　巴黎市　布鲁塞尔市　布宜诺斯艾利斯市　多伦多市　汉城市　呼和浩特市　罗马市　洛阳市　莫斯科市　平壤市　维也纳市……

13）Di03　Cb25

正例：19　长沙市　成都市　广州市　贵阳市　哈尔滨市　合肥市　济南市　昆明市　拉萨市　兰州市　南昌市　南京市　南宁市　上海市　沈阳市　石家庄市　天津市　银川市　重庆市

反例：132　城市　都市　福州市　杭州市　深圳市　台北市　太原市　武汉市　西安市　西宁市　郑州市　安阳市　巴黎市　蚌埠市　包头市　保定市　宝鸡市　北平市　本溪市　波恩市……

14）Dj02　He03

正例：18　传销价　定购价　订价　发行价　购价　货价　进价　竞买价　零售价　买价　买入价　卖出价　卖价　批发价　市价　收购价　售价　销售价

反例：2　变价　销价

15）Bh02　Bh02

正例：17　百合花　丁香花　杜鹃花　桂花　荷花　金合欢花　菊花　兰花　莲花　玫瑰花　梅花　牡丹花　山茶花　水仙花　唐花　月季花　茉莉花

反例：0

16）Di02　Di02

正例：17　北卡罗来纳州　宾夕法尼亚州　得克萨斯州　俄亥俄州　俄克拉何

马州 俄勒冈州 弗吉尼亚州 加利福尼亚州 马里兰州 密苏里州 密歇根州 明尼苏达州 墨西哥州 田纳西州 新泽西州 印第安纳州 儋州

反例：1 郴州

17）Bh07 Bh07

正例：16 橙子 柑子 桔子 梨子 李子 栗子 柿子 桃子 香榧子 杏子 椰子 枣子 柚子 榛子 榧子 橘子

反例：1 瓜子

18）Bi14 Bi14

正例：16 鲤鱼 鲈鱼 鲟鱼 鲢鱼 鲥鱼 鲨鱼 鲫鱼 鲳鱼 鳊鱼 鳓鱼 鳕鱼 鳗鱼 鳙鱼 鳜鱼 鳝鱼 鳟鱼

反例：1 鲍鱼

19）Dn03 Dn08

正例：16 次数 个数 函数 号数 合数 户数 级数 件数 卷数 辆数 票数 双数 头数 尾数 位数 株数

反例：2 套数 对数

20）Di02 Be04

正例：16 鞍山市 保山市 大黄山市 佛山市 鹤山市 黄山市 井冈山市 乐山市 平顶山市 琼山市 石嘴山市 台山市 武夷山市 锡山市 萧山市 中山市

反例：0

21）Dd05 Dk03

正例：16 地学界 古生物学界 航天界 红学界 经济学界 科技界 科学界 社会科学界 社科界 史学界 文史界 学界 医学界 语言学界 哲学界 政治经济学界

反例：0

22）Di02 Di03

正例：16 阿比让市 巴黎市 布鲁塞尔市 布宜诺斯艾利斯市 多伦多市 汉城市 呼和浩特市 罗马市 洛阳市 莫斯科市 平壤市 维也纳市 乌鲁木齐市 新德里市 耶路撒冷市 渥太华市

反例：27 北京市 长春市 长沙市 成都市 都市 福州市 广州市 贵阳市 哈尔滨市 合肥市 济南市 昆明市 拉萨市 兰州市 南昌市 南京市 南宁市 石家庄市 台北市 太原市……

23）Di02 Di02

正例：15 巴勒斯坦国 邦国 俄国 厄立特里亚国 藩国 韩国 卡塔尔国 科

威特国 蒙古国 盟国 孟加拉国 强国 日本国 外国 以色列国

反例：0

24）Dk29　Dd15

正例：13　楚剧 滇剧 赣剧 杭剧 沪剧 吕剧 闽剧 名剧 祁剧 武剧 湘剧 豫剧 粤剧

反例：0

25）Di18　Di18

正例：13　本行业 电信业 工农业 工商业 工业 航运业 林果业 轻工业 商业 寿险业 行业 邮电业 重工业

反例：0

26）Dl01　Dl01

正例：13　登革热病 风湿病 疾病 甲亢病 结核病 溃疡病 软骨病 时令病 瘟病 锈病 疫病 痨病 癫病

反例：0

27）Hh07　Bp12

正例：13　保龄球赛 冰球赛 快棋赛 篮球赛 排球赛 乒乓球赛 棋赛 球赛 网球赛 围棋赛 羽毛球赛 足球赛 橄榄球赛

反例：0

28）Af10　Dm01

正例：13　财政部长 国防部长 交通部长 经济部长 内政部长 省长 省市长 台长 外交部长 卫生部长 文化部长 院长 组织部长

反例：0

29）Dm03　Hd04

正例：13　汽修厂 维修厂 修理厂 修配厂 预制厂 造船厂 造纸厂 制革厂 制片厂 制药厂 制衣厂 制造厂 制作厂

反例：2　发电厂 火力发电厂

30）Ca21　Dn04

正例：12　八月 二月 九月 六月 七月 三月 十月 四月 五月 一月 元月 正月

反例：0

31）Bg07　Fc10

正例：12　喊叫声 喊声 喝彩声 吼声 虎啸声 欢呼声 叫声 鸣声 哨声 嘘声 噪声 吆喝声

反例：**0**

32）Da01　Da01

正例：**12**　差事　丑事　公事　憾事　婚事　急事　家务事　麻烦事　亲事　事事　喜事　政事

反例：**1**　故事

33）Bh01　Bh07

正例：**12**　核桃树　桔树　梨树　栗树　龙眼树　苹果树　酸枣树　桃树　杏树　椰子树　银杏树　枣树

反例：**0**

34）Dm07　Dk29

正例：**12**　大戏院　电影院　歌剧院　话剧院　京剧院　剧院　舞剧院　戏院　湘剧院　影剧院　影戏院　影院

反例：**0**

35）Dl01　Bk14

正例：**12**　肠炎　胆囊炎　肺炎　肝炎　结肠炎　阑尾炎　盲肠炎　气管炎　肾炎　肾盂炎　胃炎　支气管炎

反例：**0**

36）Ae01　He03

正例：**12**　采购员　传销员　促销员　发行员　供销员　购销员　收购员　售货员　推销员　销售员　营销员　直销员

反例：**0**

37）Dm01　Di18

正例：**12**　电力局　电信局　电业局　工商局　工业局　环保局　林业局　农业局　轻工业局　商业局　水利局　邮电局

反例：**0**

38）Aj07　Di10

正例：**12**　党团员　党员　登山队员　队员　工作队员　共青团员　会员　集训队员　少先队员　社员　团员　组员

反例：**1**　游击队员

39）Dm01　Di18

正例：**12**　电力部　工程部　工业部　核工业部　林业部　农业部　轻工部　轻工业部　商业部　水利部　邮电部　重工业部

反例：**2**　客运部　事业部

40）Bk13　Bk08

正例：**11**　尺骨　股骨　胯骨　腕骨　膝盖骨　掌骨　指骨　趾骨　肱骨　胫骨　腓骨

反例：**0**

41）Af10　Di02

正例：**11**　保长　盟长　区长　省长　市长　外长　县长　乡长　乡镇长　镇长　州长

反例：**1**　波长

42）Hh07　Hh07

正例：**11**　比赛　接力赛　竞赛　举重赛　女篮赛　女足赛　拳击赛　世界杯赛　速滑赛　田径赛　越野赛

反例：**0**

43）Ae01　Hc18

正例：**11**　安检员　调查员　调研员　化验员　纪检员　检查员　检验员　审查员　审核员　审计员　侦查员

反例：**1**　检察员

44）Ae13　Dm05

正例：**11**　初中生　大学生　大中小学生　高中生　技校生　师范生　小学生　学生　中小学生　中学生　中专生

反例：**0**

45）Di02　Be04

正例：**11**　北岳区　长白山区　大别山区　南山区　平山区　青山区　石景山区　太行山区　西山区　兴山区　崂山区

反例：**4**　岗区　丘陵区　山区　五指山区

46）Be04　Dd15

正例：**10**　霍山　龙山　马山　名山　秦山　韶山　蜀山　武山　萧山　宗山

反例：**0**

47）Di02　Di02

正例：**10**　郴县　道县　东乡县　密云县　宁乡县　全州县　市县　泽州县　鄞县　盱眙县

反例：**0**

48）Di04　Di04

正例：**10**　傣族　侗族　哈萨克族　门巴族　纳西族　维吾尔族　彝族　种族　佤

族　畲族

反例：1　夷族

49）Af10　Dn08

正例：10　班长　部长　次长　队长　股长　家长　首长　所长　台长　行长

反例：3　排长　团长　身长

50）Dk06　Di02

正例：10　阿拉伯语　国语　荷兰语　华语　蒙古语　葡萄牙语　瑞典语　外国语外语　西班牙语

反例：1　旗语

51）Br13　Br13

正例：9　膏剂　散剂　汤剂　丸剂　药剂　针剂　酊剂　酏剂　醋剂

反例：0

52）Dn01　Dn01

正例：9　长度　幅度　高度　光度　宽度　热度　深度　速度　温度

反例：0

53）Fa32　Fa32

正例：9　摆动　搬动　抖动　晃动　挥动　挪动　舞动　摇动　移动

反例：1　振动

54）Fa01　Fa01

正例：9　鞭打　抽打　捶打　拷打　磕打　拍打　扑打　敲打　摔打

反例：1　击打

55）Di02　Dd15

正例：9　大名县　赣县　邱县　魏县　萧县　赵县　莘县　涿县　杞县

反例：0

56）Di02　Dd15

正例：9　邓州　鄂州　赣州　彭州　渝州　禹州　袁州　邳州　涿州

反例：2　杭州　郑州

57）Ad03　Cb15

正例：9　本地人　当地人　故乡人　他乡人　外地人　外省人　外乡人　乡人　异乡人

反例：0

58）Dd05　Di18

正例：9　工商界　工业界　航运界　经贸界　农业界　汽车业界　商界　商业界

业界

　　反例：0

　　59）Bh01　　Bh01

　　正例：9　白桦林　枫林　果木林　红树林　胡杨林　树林　苏铁林　竹林　棕榈林

　　反例：1　柏林

　　60）Bp01　　Bg03

　　正例：9　白炽灯　弧光灯　激光灯　镁光灯　日光灯　闪光灯　太阳灯　荧光灯
珠光灯

　　反例：0

　　61）Di18　　Hd04

　　正例：9　酿酒业　汽修业　修理业　造船业　造纸业　制片业　制药业　制造业
制作业

　　反例：1　修业

　　62）Al02　　Dk31

　　正例：9　版画家　雕刻家　国画家　花鸟画家　漫画家　美术家　名画家　书画
家　油画家

　　反例：2　画家　佛家

　　63）Hi36　　Hi36

　　正例：8　帮助　扶助　辅助　救助　匡助　襄助　协助　援助

　　反例：0

　　64）Dm01　　Di02

　　正例：8　盟委　区委　省委　市委　县委　镇委　州委　自治县委

　　反例：0

　　65）Af10　　Di10

　　正例：8　班长　队长　会长　家长　社长　生产队长　总队长　组长

　　反例：1　团长

　　66）Gb04　　Gb04

　　正例：8　巴望　冀望　盼望　期望　祈望　企望　希望　想望

　　反例：1　望望

　　67）Fc04　　Fc04

　　正例：8　瞅见　见见　看见　窥见　目见　瞥见　瞧见　望见

　　反例：1　相见

　　68）Eb25　　Eb25

正例：8　顷刻间 刹那间 瞬间 瞬息间 一瞬间 转瞬间 转眼间 霎时间

反例：0

69）Dl01　Bk14

正例：8　膀胱癌 肠癌 肺癌 肝癌 食道癌 食管癌 胃癌 直肠癌

反例：0

70）Br08　Bh09

正例：8　菜油 茶油 花生油 可可油 麻油 桐油 亚麻油 芝麻油

反例：1　桉油

71）Dl01　Bk17

正例：8　骨膜炎 角膜炎 肋膜炎 脑膜炎 乳腺炎 腮腺炎 胸膜炎 黏膜炎

反例：0

72）Dk03　Dk03

正例：8　代数学 地理学 考古学 科学学 神经科学 数理学 医学 中医学

反例：1　学学

73）Ae09　He03

正例：8　传销商 经销商 零售商 拍卖商 批发商 推销商 销售商 运销商

反例：1　承销商

74）Bg06　Ec01

正例：8　橙黄色 粉红色 米黄色 嫩黄色 土黄色 鲜红色 杏黄色 紫红色

反例：3　桔红色 红色 黄色

75）Di10　Dk29

正例：8　芭蕾舞团 歌剧团 话剧团 京剧团 民间舞团 舞蹈团 舞剧团 越剧团

反例：3　剧团 评剧团 豫剧团

76）Af01　Dk02

正例:8　辩证唯物主义者 浪漫主义者 马克思主义者 民族主义者 唯物主义者 唯心主义者 无神论者 现实主义者

反例：1　学者

77）Ae10　Di09

正例：8　班长 军长 连长 旅长 排长 师长 团长 营长

反例：23　部长 处长 大队长 党小组长 分队长 分局长 工段长 股长 管理局长 柜组长 局长 军事部长 科长 课长 事务部长 室长 司长 厅长 小组长 新闻部长……

附录 B　双向平行类推规则示例（前字为共同成分）①

1）Be04　Be04

正例：13　山峰　山冈　山岗　山谷　山岭　山麓　山峦　山坡　山丘　山峡　山崖　山岳　山巅

反例：0

2）Dn04　Dn04

正例：9　第二　第九　第六　第七　第三　第十　第四　第五　第一

反例：0

3）Di02　Di02

正例：9　南朝鲜　南达科他州　南丰县　南国　南韩　南加州　南市　南县　南漳县

反例：1　南区

4）Dn10　Dn10

正例：8　公尺　公担　公分　公斤　公厘　公里　公亩　公顷

反例：0

5）Bk08　Bk08

正例：8　手臂　手腕　手腕子　手掌　手掌心　手指　手指头　手肘

反例：0

6）Ca23　Dn04

正例：8　初八　初九　初六　初七　初十　初四　初五　初一

反例：1　初次

7）Ab02　Ab02

正例：8　老父　老公公　老奶奶　老人　老寿星　老翁　老爷爷　老妪

反例：1　老丈人

8）Ih05　Ih05

正例：7　增补　增长　增多　增加　增减　增添　增益

反例：0

---

① 示例格式如下：

　词语语义类　成分语义类

　正例：正例数　正例列表

　反例：反例数　反例列表

9）Aa01　Aa01

正例：**7**　人口　人们　人民　人人　人士　人手　人员

反例：**1**　人家

10）Dn03　Dn03

正例：**7**　总产量　总分　总和　总户数　总流量　总人口　总数

反例：**0**

11）Bk08　Bk08

正例：**7**　脚跟　脚后跟　脚腕子　脚掌　脚指头　脚趾　脚爪

反例：**0**

12）Eb25　Eb25

正例：**7**　一会儿　一刹那　一瞬　一瞬间　一下子　一转眼　一霎时

反例：**0**

13）Ig01　Dn08

正例：**7**　开拔　开班　开篇　开台　开头　开行　开张

反例：**4**　开本　开架　开发　开腔

14）Ab02　Ah02

正例：**7**　老公公　老奶奶　老婆婆　老太公　老太婆　老太爷　老爷爷

反例：**1**　老爷

附录 C　成对替换类推规则示例（前字为替换成分）①

1）大　小　Ea03

正例：**84**　大白菜　小白菜　Bh06　大半　小半　Dn05　大报　小报　Dk21　大便　小便　Bl04　大步　小步　Fb01　大肠　小肠　Bk14　大车　小车　Bo21　大葱　小葱　Bh06　大刀　小刀　Bo09　大道理　小道理　Db06　大豆　小豆　Bh06　大儿子　小儿子　Ah14　大个子　小个子　Ac01　大姑　小姑　Ah13　大姑娘　小姑娘　Ab01　大姑子　小姑子　Ah13　……

反例：**19**　大姐　小姐　None　大个儿　小个儿　None　大小　小小　None　大人　小人　None　大于　小于　None　大道　小道　None　大班　小班　None　大菜

---

① 成对替换类推规则示例格式如下：

　　前字　后字　替换成分语义类

　　正例：正例数　正例列表（前词　后词　词语语义类）

　　反例：反例数　反例列表（前词　后词　词语语义类）

小菜 None　大年 小年 None　大数 小数 None　大伙 小伙 None　大额 小额 None　大队 小队 None　大棚 小棚 None　大曲 小曲 None　大声 小声 None　大肚子 小肚子 None　大蓟 小蓟 None　大我 小我 None

　　2）上　下　Ca04

　　正例：53　上半晌 下半晌 Ca28　上半身 下半身 Bk01　上半时 下半时 Ca04　上半夜 下半夜 Ca29　上辈 下辈 Dd16　上辈子 下辈子 Dh02　上边 下边 Cb03　上策 下策 Df09　上层 下层 Di16　上场 下场 Hh01　上床 下床 Hj32　上等 下等 Ed06　上调 下调 Hc03　……

　　反例：22　上人 下人 None　上马 下马 None　上家 下家 None　上方 下方 None　上月 下月 None　上官 下官 None　上课 下课 None　上班 下班 None　上车 下车 None　上次 下次 None　上回 下回 None　上学 下学 None　上部 下部 None　上海 下海 None　上周 下周 None　上任 下任 None　上半年 下半年 None　上岗 下岗 None　上坡 下坡 None　上移 下移 None　上水道 下水道 None　上星期 下星期 None

　　3）内　外　Cb05

　　正例：37　内宾 外宾 Aj05　内存 外存 Bo01　内错角 外错角 Cb23　内电路 外电路 Cb27　内耳 外耳 Bk03　内分泌 外分泌 Ib08　内功 外功 De04　内公切线 外公切线 Cb23　内骨骼 外骨骼 Bk13　内果皮 外果皮 Bh13　内江 外江 Be05　内角 外角 Cb23　内景 外景 Bp14　内科 外科 Dk03……

　　反例：8　内伤 外伤 None　内人 外人 None　内地 外地 None　内侧 外侧 None　内部 外部 None　内向 外向 None　内省 外省 None　内毒素 外毒素 None

　　4）男　女　Ah14

　　正例：31　男厕 女厕 Bn03　男单 女单 Hh07　男低音 女低音 Bg07　男队 女队 Dd07　男儿 女儿 Ab01　男方 女方 Dd05　男高音 女高音 Bg07　男工 女工 Ae02　男孩 女孩 Dd15　男孩儿 女孩儿 Ab04　男家 女家 Di05　男篮 女篮 Hh07　男排 女排 Hh07　男朋友 女朋友 Aj17　……

　　反例：1　男孩子 女孩子 None

　　5）后　前　Ca12

　　正例：30　后半辈子 前半辈子 Ca13　后半生 前半生 Ca13　后半天 前半天 Ca28　后半夜 前半夜 Ca29　后辈 前辈 Dd16　后边 前边 Cb04　后场 前场 Cb08　后车之鉴 前车之鉴 Da16　后方 前方 Cb12　后脚 前脚 Bk08　后襟 前襟 Bq04　后景 前景 Dc02　后轮 前轮 Bo25　后门 前门

Bn04　……

反例：9　后生 前生 None　后话 前话 None　后者 前者 None　后进 前进 None　后世 前世 None　后来 前来 None　后期 前期 None　后院 前院 None　后尘 前尘 None

6）东　西　Cb02

正例：29　东岸 西岸 Be03　东半球 西半球 Bd03　东北 西北 Cb08　东北部 西北部 Cb08　东北风 西北风 Bf02　东北角 西北角 Cb02　东北局 西北局 Dm01　东边 西边 Cb02　东侧 西侧 Bc02　东城区 西城区 Di02　东方 西方 Cb02　东方人 西方人 Ad02　东风 西风 Bf02　……

反例：6　东门 西门 None　东区 西区 None　东端 西端 None　东部 西部 None　东非 西非 None　东洋 西洋 None

7）北　南　Cb02

正例：25　北岸 南岸 Be03　北半球 南半球 Bd03　北边 南边 Cb02　北部 南部 Cb02　北侧 南侧 Bc02　北朝 南朝 Ca02　北朝鲜 南朝鲜 Di02　北端 南端 Bc02　北方 南方 Cb02　北风 南风 Bf02　北海市 南海市 Di02　北极 南极 Bd03　北极光 南极光 Bg03　北极圈 南极圈 Bd03　……

反例：8　北国 南国 None　北面 南面 None　北非 南非 None　北海 南海 None　北航 南航 None　北回归线 南回归线 None　北美 南美 None　北美洲 南美洲 None

8）白　黑　Ec04

正例：22　白斑 黑斑 Bg09　白斑病 黑斑病 Dl01　白绸 黑绸 Bq02　白地 黑地 Bn12　白发 黑发 Bk11　白粉病 黑粉病 Dl01　白话 黑话 Dk11　白马 黑马 Bi06　白面 黑面 Br01　白木耳 黑木耳 Bh04　白袍 黑袍 Bq03　白棋 黑棋 Bp12　白人 黑人 Ad02　白色 黑色 Bg06　白陶 黑陶 Bm15　白体 黑体 Dk05　白钨矿 黑钨矿 Ba08　白熊 黑熊 Bi03　白眼珠 黑眼珠 Bk03　白夜 黑夜 Ca29　白衣 黑衣 Bq03　白桦 黑桦 Bh01

反例：4　白头 黑头 None　白金 黑金 None　白白 黑白 None　白乎乎 黑乎乎 None

9）大　中　Ea03

正例：21　大报 中报 Dk21　大队 中队 Di09　大国 中国 Di02　大号 中号 Di16　大将 中将 Ae10　大军 中军 Di11　大考 中考 Hg07　大拇指 中拇指 Bk08　大脑 中脑 Bk02　大提琴 中提琴 Bp13　大尉 中尉 Ae10　大校 中校 Ae10　大型 中型 Dc01　大型机 中型机 Bo22　大学 中学 Dm05

大学生 中学生 Ae13　大雨 中雨 Bf01　大灶 中灶 Da18　大指 中指 Bk08
大专班 中专班 Di09　大专生 中专生 Ae13

　　反例：20　大小 中小 None　大人 中人 None　大意 中意 None　大路
中路 None　大度 中度 None　大风 中风 None　大道 中道 None　大班 中
班 None　大年 中年 None　大师 中师 None　大奖 中奖 None　大办 中办
None　大餐 中餐 None　大部 中部 None　大选 中选 None　大暑 中暑
None　大堂 中堂 None　大秋 中秋 None　大队长 中队长 None　大专 中
专 None

　　10）东　南　Cb02
　　正例：20　东岸 南岸 Be03　东半球 南半球 Bd03　东北 南北 Cb08　东
边 南边 Cb02　东侧 南侧 Bc02　东端 南端 Bc02　东方 南方 Cb02　东非
南非 Dd15　东丰县 南丰县 Di02　东风 南风 Bf02　东海 南海 Be05　东郊
南郊 Cb08　东京 南京 Cb25　东门 南门 Bn04　东欧 南欧 Cb08　东区 南
区 Cb08　东山区 南山区 Di02　东亚 南亚 Cb08　东阳市 南阳市 Di02　东
阳镇 南阳镇 Di02

　　反例：6　东盟 南盟 None　东面 南面 None　东宫 南宫 None　东部 南
部 None　东航 南航 None　东洋 南洋 None

　　11）低　高　Ea02
　　正例：19　低产田 高产田 Bn12　低潮 高潮 Bf07　低档 高档 Ed06　低
等 高等 Ed06　低度 高度 Dn01　低估 高估 Gb03　低级 高级 Ed06　低栏
高栏 Bn10　低龄 高龄 Ca14　低热 高热 Ib14　低声 高声 Bg07　低收入者
高收入者 Af01　低速 高速 Eb23　低碳钢 高碳钢 Bm02　低纬度 高纬度
Dd13　低温 高温 Dn01　低息 高息 Dj04　低音 高音 Bg07　低云 高云
Bf02

　　反例：15　低于 高于 None　低压 高压 None　低下 高下 None　低地
高地 None　低质 高质 None　低价 高价 None　低空 高空 None　低产 高
产 None　低效 高效 None　低能 高能 None　低位 高位 None　低调 高调
None　低年级 高年级 None　低气压区 高气压区 None　低烧 高烧 None

　　12）长　短　Dd02
　　正例：19　长波 短波 Bg04　长处 短处 Dd02　长笛 短笛 Bp13　长发
短发 Bk11　长工 短工 Ae02　长骨 短骨 Bk13　长号 短号 Bp13　长剑 短
剑 Bo29　长距离 短距离 Eb21　长裤 短裤 Bq03　长篇 短篇 Dk19　长篇
小说 短篇小说 Dk25　长枪 短枪 Bo27　长裙 短裙 Bq03　长途 短途 Eb21
长文 短文 Dk19　长线产品 短线产品 Ba04　长袖 短袖 Bq04　长衣 短衣
Bq03

反例：**4** 长命 短命 None 长跑 短跑 None 长期 短期 None 长短 短短 None

13）白 红 Ee37

正例：**18** 白绸 红绸 Bq02 白鹤 红鹤 Bi12 白狐 红狐 Bi03 白磷 红磷 Ba01 白萝卜 红萝卜 Bh06 白煤 红煤 Bm08 白棉 红棉 Bh09 白袍 红袍 Bq03 白砒 红砒 Br14 白皮书 红皮书 Dk17 白旗 红旗 Bp20 白色 红色 Ee37 白薯 红薯 Bh06 白糖 红糖 Br08 白藤 红藤 Bh09 白铜 红铜 Bm01 白血球 红血球 Bk18 白衣 红衣 Bq03

反例：**8** 白细胞 红细胞 None 白眼 红眼 None 白人 红人 None 白粉 红粉 None 白果 红果 None 白花 红花 None 白净 红净 None 白日 红日 None

14）小 中 Ea03

正例：**17** 小报 中报 Dk21 小国 中国 Di02 小号 中号 Di16 小将 中将 Ae10 小拇指 中拇指 Bk08 小脑 中脑 Bk02 小农 中农 Ae07 小山 中山 Be04 小提琴 中提琴 Bp13 小小 中小 Ea03 小型 中型 Dc01 小型机 中型机 Bo22 小学 中学 Dm05 小学生 中学生 Ae13 小雨 中雨 Bf01 小灶 中灶 Da18 小指 中指 Bk08

反例：**15** 小子 中子 None 小人 中人 None 小心 中心 None 小路 中路 None 小影 中影 None 小道 中道 None 小班 中班 None 小年 中年 None 小暑 中暑 None 小队 中队 None 小院 中院 None 小叶 中叶 None 小看 中看 None 小腹 中腹 None 小青年 中青年 None

15）上 中 Ed06

正例：**17** 上策 中策 Df09 上册 中册 Bp18 上层 中层 Di16 上等 中等 Ed06 上古 中古 Ca02 上将 中将 Ae10 上流 中流 Be05 上铺 中铺 Cb01 上士 中士 Ae10 上尉 中尉 Ae10 上午 中午 Ca28 上校 中校 Ae10 上旬 中旬 Ca22 上游 中游 Cb10 上元节 中元节 Ca25 上院 中院 Dm01 上装 中装 Bq03

反例：**19** 上人 中人 None 上心 中心 None 上路 中路 None 上山 中山 None 上文 中文 None 上场 中场 None 上风 中风 None 上下 中下 None 上班 中班 None 上天 中天 None 上年 中年 None 上级 中级 None 上行 中行 None 上报 中报 None 上空 中空 None 上学 中学 None 上部 中部 None 上期 中期 None 上下游 中下游 None

16）红 黄 Ec01

正例：**17** 红豆 黄豆 Bh06 红骨髓 黄骨髓 Bk16 红海 黄海 Be05 红

褐色 黄褐色 Ec03　红教 黄教 Di12　红巾起义 黄巾起义 Ha01　红磷 黄磷 Ba01　红帽 黄帽 Bq05　红牌 黄牌 Bp20　红皮书 黄皮书 Dk17　红壤 黄壤 Bm04　红山 黄山 Be04　红铜 黄铜 Bm01　红岩村 黄岩村 Di02　红叶 黄叶 Bh11　红鱼 黄鱼 Bi14　红晕 黄晕 Bg03

反例：8　红色 黄色 None　红花 黄花 None　红土 黄土 None　红麻 黄麻 None　红尘 黄尘 None　红灿灿 黄灿灿 None　红土地 黄土地 None 红澄澄 黄澄澄 None

17）南　西　Cb02

正例：16　南岸 西岸 Be03　南半球 西半球 Bd03　南北 西北 Cb08　南边 西边 Cb02　南部 西部 Cb02　南侧 西侧 Bc02　南方 西方 Cb02　南风 西风 Bf02　南岗区 西岗区 Di02　南郊 西郊 Cb08　南宁 西宁 Cb25　南宁市 西宁市 Cb25　南欧 西欧 Cb08　南山 西山 Be04　南山区 西山区 Di02 南亚 西亚 Cb08

反例：9　南门 西门 None　南区 西区 None　南面 西面 None　南宫 西宫 None　南端 西端 None　南非 西非 None　南瓜 西瓜 None　南洋 西洋 None　南昌市 西昌市 None

18）国　外　Di02

正例：16　国宾 外宾 Aj05　国号 外号 Dd15　国货 外货 Ba04　国籍 外籍 Dd16　国力 外力 Dd14　国联 外联 Di10　国企 外企 Dm04　国人 外人 Ad02　国史 外史 Dk26　国事 外事 Da01　国文 外文 Dk06　国务 外务 Da01　国语 外语 Dk06　国语课 外语课 Dk03　国债 外债 Dj04　国资 外资 Dj04

反例：7　国路 外路 None　国手 外手 None　国道 外道 None　国交 外交 None　国办 外办 None　国界 外界 None　国航 外航 None

19）轻　重　Eb13

正例：15　轻工 重工 Di18　轻工业 重工业 Di18　轻工业部 重工业部 Dm01　轻活 重活 Di19　轻机关枪 重机关枪 Bo27　轻机枪 重机枪 Bo27 轻金属 重金属 Bm01　轻量级 重量级 Dd06　轻伤 重伤 Ib10　轻视 重视 Gb21　轻武器 重武器 Bo27　轻型 重型 Dc01　轻音 重音 Bg07　轻油 重油 Bm10　轻元素 重元素 Dd10

反例：3　轻水 重水 None　轻兵 重兵 None　轻重 重重 None

20）公　私　Ed55

正例：15　公财 私财 Dj03　公产 私产 Dj03　公车 私车 Bo21　公德 私德 De01　公法 私法 Di25　公房 私房 Bn01　公费 私费 Dj08　公家 私

家 Ed55　公立 私立 Hc02　公事 私事 Da01　公心 私心 Df02　公营 私营 Hc02　公用 私用 Hj28　公有制 私有制 Di09　公章 私章 Bp21

反例：5　公人 私人 None　公分 私分 None　公有 私有 None　公交 私交 None　公愤 私愤 None

21）北　东　Cb02

正例：15　北岸 东岸 Be03　北半球 东半球 Bd03　北边 东边 Cb02　北部 东部 Cb08　北侧 东侧 Bc02　北端 东端 Bc02　北方 东方 Cb02　北风 东风 Bf02　北汉 东汉 Ca02　北郊 东郊 Cb08　北京 东京 Di03　北欧 东欧 Cb08　北头 东头 Cb02　北乡 东乡 Di02　北站 东站 Cb26

反例：4　北面 东面 None　北非 东非 None　北海 东海 None　北航 东航 None

22）右　左　Cb02

正例：14　右臂 左臂 Bk08　右边 左边 Cb03　右侧 左侧 Cb03　右方 左方 Cb03　右锋 左锋 Ae14　右面 左面 Cb03　右派 左派 Di10　右上方 左上方 Bc02　右上角 左上角 Bc02　右手 左手 Cb03　右首 左首 Cb03　右腿 左腿 Bk08　右下方 左下方 Bc02　右翼 左翼 Di10

反例：1　右倾 左倾 None

23）党　团　Di10

正例：14　党费 团费 Dj08　党工委 团工委 Dm01　党徽 团徽 Bp21　党籍 团籍 Dd16　党课 团课 Dk03　党旗 团旗 Bp20　党小组 团小组 Di09　党校 团校 Dm05　党员 团员 Aj07　党章 团章 Di24　党支部 团支部 Di09　党中央 团中央 Dm01　党总支 团总支 Di09　党组织 团组织 Di10

反例：2　党委 团委 None　党团 团团 None

24）金　银　Bm01

正例：13　金本位 银本位 Di09　金币 银币 Dj05　金发 银发 Bk11　金光 银光 Bg03　金环蛇 银环蛇 Bi10　金矿 银矿 Ba08　金牌 银牌 Bp20　金钱 银钱 Dj03　金行 银行 Dm04　金鱼 银鱼 Bi14　金元 银元 Dj05　金针 银针 Bo20　金子 银子 Bm01

反例：3　金色 银色 None　金奖 银奖 None　金质奖 银质奖 None

25）二　一　Dn04

正例：13　二传 一传 Ie01　二等功 一等功 Da14　二等奖 一等奖 Da13　二号机 一号机 Bo01　二类 一类 Dd06　二秘 一秘 Af10　二汽 一汽 Dm03　二审 一审 Hm06　二氧化碳 一氧化碳 Bg05　二元论 一元论 Dk02　二元酸 一元酸 Ba01　二月 一月 Ca21　二中全会 一中全会 Di23

反例：6 二心 一心 None 二流 一流 None 二线 一线 None 二手 一手 None 二期 一期 None 二把手 一把手 None

26）二 三 Dn04

正例：13 二产 三产 Dj03 二等功 三等功 Da14 二等奖 三等奖 Da13 二伏 三伏 Ca20 二副 三副 Di15 二花脸 三花脸 Ae17 二化螟 三化螟 Bi21 二极管 三极管 Bo04 二类 三类 Dd06 二拇指 三拇指 Bk08 二维 三维 Cb01 二月 三月 Ca21 二中全会 三中全会 Di23

反例：2 二元 三元 None 二流 三流 None

27）春 冬 Ca19

正例：13 春菇 冬菇 Bh04 春灌 冬灌 Hd16 春季 冬季 Ca19 春令 冬令 Ca19 春麦 冬麦 Bh05 春笋 冬笋 Bh01 春天 冬天 Ca19 春小麦 冬小麦 Bh05 春汛 冬汛 Bf07 春夜 冬夜 Ca29 春雨 冬雨 Bf01 春运 冬运 Hf05 春装 冬装 Bq03

反例：1 春日 冬日 None

28）软 硬 Eb10

正例：12 软骨鱼 硬骨鱼 Bi14 软化 硬化 Ih01 软环境 硬环境 Da21 软件 硬件 Ba03 软木 硬木 Bm03 软盘 硬盘 Bo01 软水 硬水 Bg01 软卧 硬卧 Cb01 软席 硬席 Cb01 软脂 硬脂 Bk10 软脂酸 硬脂酸 Ba01 软腭 硬腭 Bk04

反例：4 软玉 硬玉 None 软座 硬座 None 软性 硬性 None 软骨头 硬骨头 None

29）木 竹 Bh01

正例：12 木雕 竹雕 Hg19 木筏 竹筏 Bo22 木浆 竹浆 Bg01 木刻 竹刻 Dk31 木马 竹马 Bp35 木排 竹排 Bo22 木器 竹器 Ba05 木桥 竹桥 Bn11 木箱 竹箱 Bp09 木叶 竹叶 Bh11 木椅 竹椅 Bp26 木制品 竹制品 Ba04

反例：1 木材 竹材 None

30）军 战 Di11

正例：12 军备 战备 Hj35 军车 战车 Bo21 军船 战船 Bo22 军刀 战刀 Bo27 军歌 战歌 Dk28 军功 战功 Da14 军舰 战舰 Bo30 军马 战马 Bi06 军情 战情 Da21 军史 战史 Da07 军士 战士 Ae10 军事 战事 Di11

反例：4 军区 战区 None 军机 战机 None 军法 战法 None 军火 战火 None

31）画　书　Dk05

正例：12　画案 书案 Bp26　画报 书报 Dk21　画本 书本 Dk20　画法 书法 Db09　画稿 书稿 Dk19　画画 书画 Dk31　画刊 书刊 Dk21　画名 书名 Dd15　画坛 书坛 Dd05　画页 书页 Dk20　画院 书院 Dm05　画展 书展 Hj47

反例：6　画卷 书卷 None　画面 书面 None　画架 书架 None　画皮 书皮 None　画册 书册 None　画眉 书眉 None

32）单　双　Eb02

正例：12　单峰驼 双峰驼 Bi05　单杠 双杠 Bp12　单轨 双轨 Cb27　单簧管 双簧管 Bp13　单季稻 双季稻 Bh05　单人床 双人床 Bp27　单人滑 双人滑 Hh06　单人舞 双人舞 Dk29　单日 双日 Ca23　单数 双数 Dn03　单眼 双眼 Bk03　单眼皮 双眼皮 Bk10

反例：6　单打 双打 None　单边 双边 None　单面 双面 None　单方 双方 None　单向 双向 None　单亲 双亲 None

33）大　高　Ed26

正例：12　大潮 高潮 Da20　大额 高额 Dn03　大分子 高分子 Ba01　大个儿 高个儿 Ac01　大个子 高个子 Ac01　大喊 高喊 Fc10　大考 高考 Hg07　大楼 高楼 Bn01　大炮 高炮 Bo27　大声 高声 Bg07　大寿 高寿 Ca14　大于 高于 Jb04

反例：15　大小 高小 None　大人 高人 None　大度 高度 None　大地 高地 None　大干 高干 None　大大 高大 None　大法 高法 None　大校 高校 None　大举 高举 None　大明 高明 None　大雅 高雅 None　大龄 高龄 None　大寒 高寒 None　大个 高个 None　大帽子 高帽子 None

34）春　秋　Ca18

正例：12　春播 秋播 Hd20　春分 秋分 Ca24　春风 秋风 Bf02　春耕 秋耕 Hd17　春季 秋季 Ca19　春令 秋令 Ca19　春色 秋色 Dc02　春天 秋天 Ca19　春汛 秋汛 Bf07　春夜 秋夜 Ca29　春雨 秋雨 Bf01　春种 秋种 Hd17

反例：4　春意 秋意 None　春水 秋水 None　春日 秋日 None　春分点 秋分点 None

35）北　西　Cb02

正例：12　北岸 西岸 Be03　北半球 西半球 Bd03　北边 西边 Cb02　北部 西部 Cb02　北侧 西侧 Bc02　北方 西方 Cb02　北非 西非 Cb08　北风 西风 Bf02　北汉 西汉 Ca02　北郊 西郊 Cb08　北欧 西欧 Cb08　北头 西

头 Cb02

反例：**3**　北面　西面 None　　北端　西端 None　　北安市　西安市 None

36）生　熟　Eb15

正例：**11**　生菜　熟菜 Br06　　生地　熟地 Bh08　　生地黄　熟地黄 Bh08　　生客　熟客 Aj05　　生石膏　熟石膏 Bm05　　生石灰　熟石灰 Bm05　　生手　熟手 Al02　　生铁　熟铁 Bm02　　生土　熟土 Bm04　　生橡胶　熟橡胶 Bm14　　生字　熟字 Dk05

反例：**4**　生人　熟人 None　　生路　熟路 None　　生荒　熟荒 None　　生料　熟料 None

37）那　这　Ed61

正例：**11**　那边　这边 Cb30　　那儿　这儿 Ca31　　那个　这个 Ed61　　那会儿　这会儿 Ca31　　那里　这里 Cb30　　那么点儿　这么点儿 Eb01　　那么些　这么些 Eb01　　那时　这时 Ca31　　那时候　这时候 Ca31　　那天　这天 Ca23　　那些　这些 Ed61

反例：**0**

38）货　客　Aa01

正例：**11**　货舱　客舱 Bo24　　货场　客场 Cb28　　货车　客车 Bo21　　货船　客船 Bo22　　货轮　客轮 Bo22　　货票　客票 Bp19　　货位　客位 Cb01　　货源　客源 Db02　　货运　客运 Di18　　货运量　客运量 Dn03　　货运站　客运站 Cb26

反例：**2**　货机　客机 None　　货栈　客栈 None

39）河　水　Be05

正例：**11**　河坝　水坝 Bn14　　河池　水池 Be06　　河肥　水肥 Bm18　　河工　水工 Di18　　河沟　水沟 Be05　　河流　水流 Be05　　河面　水面 Bc02　　河势　水势 Da20　　河系　水系 Dd06　　河源　水源 Db02　　河运　水运 Hf05

反例：**7**　河边　水边 None　　河道　水道 None　　河网　水网 None　　河塘　水塘 None　　河泥　水泥 None　　河槽　水槽 None　　河渠　水渠 None

40）歌　舞　Hh04

正例：**11**　歌会　舞会 Di23　　歌剧　舞剧 Dk29　　歌剧团　舞剧团 Di10　　歌剧院　舞剧院 Dm07　　歌迷　舞迷 Al06　　歌曲　舞曲 Dk28　　歌坛　舞坛 Dd05　　歌厅　舞厅 Bn03　　歌星　舞星 Ae17　　歌艺　舞艺 De04　　歌者　舞者 Ae17

反例：**0**

41）分　总　Ed56

正例：**11**　分厂　总厂 Dm03　　分店　总店 Dm04　　分队长　总队长 Af10　　分公司　总公司 Dm04　　分会　总会 Di23　　分机　总机 Bo01　　分局　总局 Di09

分社 总社 Di10　分数 总数 Dn03　分校 总校 Dm05　分行 总行 Dm04

反例：14　分值 总值 None　分工 总工 None　分理 总理 None　分管 总管 None　分部 总部 None　分站 总站 None　分量 总量 None　分得 总得 None　分队 总队 None　分院 总院 None　分署 总署 None　分支 总支 None　分之 总之 None　分则 总则 None

42）冬　夏　Ca19

正例：11　冬常服 夏常服 Bq03　冬候鸟 夏候鸟 Bi11　冬季 夏季 Ca19　冬令 夏令 Ca19　冬眠 夏眠 Ib04　冬天 夏天 Ca19　冬夜 夏夜 Ca29　冬衣 夏衣 Bq03　冬至 夏至 Ca24　冬至点 夏至点 Cb23　冬装 夏装 Bq03

反例：3　冬日 夏日 None　冬令营 夏令营 None　冬至线 夏至线 None

43）大　老　Ec05

正例：11　大兵 老兵 Ae10　大伯 老伯 Ai02　大儿子 老儿子 Ah14　大姑娘 老姑娘 Ab01　大话 老话 Dk11　大家 老家 Di05　大将 老将 Ae10　大路 老路 Cb27　大人 老人 Ab02　大小 老小 Ab02　大寨 老寨 Cb25

反例：14　大气 老气 None　大头 老头 None　大道 老道 None　大年 老年 None　大师 老师 None　大成 老成 None　大娘 老娘 None　大大 老大 None　大公 老公 None　大汉 老汉 None　大龄 老龄 None　大师傅 老师傅 None　大爷 老爷 None　大鸨 老鸨 None

44）阳　阴　Bd02

正例：10　阳电 阴电 Bg04　阳沟 阴沟 Bn08　阳极 阴极 Dd13　阳离子 阴离子 Ba01　阳历 阴历 Ca01　阳平 阴平 Bg07　阳文 阴文 Dk05　阳性 阴性 Dd01　阳性植物 阴性植物 Ba02　阳韵 阴韵 Bg07

反例：1　阳间 阴间 None

45）外　中　Cb05

正例：10　外办 中办 Dm01　外耳 中耳 Bk03　外国 中国 Di02　外国货 中国货 Ba04　外国人 中国人 Ad02　外果皮 中果皮 Bh13　外景 中景 Dc02　外军 中军 Di11　外文 中文 Dk06　外资 中资 Dj04

反例：17　外号 中号 None　外伤 中伤 None　外人 中人 None　外心 中心 None　外路 中路 None　外流 中流 None　外线 中线 None　外场 中场 None　外道 中道 None　外科 中科 None　外行 中行 None　外表 中表 None　外部 中部 None　外航 中航 None　外用 中用 None　外层 中层 None　外间 中间 None

46）省　市　Di02

正例：10　省报 市报 Dk21　省长 市长 Af10　省级 市级 Dd06　省局

市局 Di09　省立 市立 Ed55　省情 市情 Da21　省属 市属 Dd06　省委 市委 Dm01　省政协 市政协 Dm01　省直 市直 Ja06

反例：4　省区 市区 None　省里 市里 None　省内 市内 None　省府 市府 None

47）三　五 Dn04

正例：10　三边形 五边形 Dc01　三更 五更 Ca30　三合板 五合板 Bm07　三角形 五角形 Dc01　三连冠 五连冠 Da13　三年期 五年期 Ca06　三台山 五台山 Be04　三星村 五星村 Di02　三月 五月 Ca21　三中全会 五中全会 Di23

反例：2　三中 五中 None　三星 五星 None

48）冷　热 Eb26

正例：10　冷处理 热处理 Hc01　冷风 热风 Bf02　冷货 热货 Ba04　冷门 热门 Ed25　冷气 热气 Bg05　冷水 热水 Bg01　冷天 热天 Da24　冷饮 热饮 Br12　冷轧 热轧 Hd08　冷战 热战 Di11

反例：0

49）近　远 Eb21

正例：10　近程 远程 Dn02　近道 远道 Cb27　近郊 远郊 Cb08　近郊区 远郊区 Cb08　近景 远景 Dc02　近距离 远距离 Eb21　近邻 远邻 Aj02　近路 远路 Cb27　近亲 远亲 Ah01　近因 远因 Db01

反例：3　近处 远处 None　近视 远视 None　近期 远期 None

50）党　会 Di10

正例：10　党费 会费 Dj08　党风 会风 Di14　党徽 会徽 Bp21　党刊 会刊 Dk21　党派 会派 Di10　党旗 会旗 Bp20　党首 会首 Af10　党务 会务 Di19　党员 会员 Aj07　党章 会章 Di24

反例：0

51）出　进 Hj64

正例：10　出兵 进兵 Hb02　出击 进击 Hb03　出价 进价 Dj02　出口 进口 Cb20　出口量 进口量 Dn03　出口商 进口商 Ae09　出来 进来 Hj64　出去 进去 Hj64　出入 进入 Hj64　出项 进项 Dj08

反例：4　出发 进发 None　出行 进行 None　出言 进言 None　出口额 进口额 None

52）茶　酒 Br12

正例：10　茶杯 酒杯 Bp07　茶厂 酒厂 Dm03　茶饭 酒饭 Da18　茶缸 酒缸 Bp08　茶馆 酒馆 Dm04　茶壶 酒壶 Bp05　茶会 酒会 Di23　茶楼 酒

楼 Dm04　茶钱 酒钱 Dj08　茶水 酒水 Br12

反例：5　茶色 酒色 None　茶花 酒花 None　茶食 酒食 None　茶精 酒精 None　茶具 酒具 None

53）省 县 Di02

正例：9　省长 县长 Af10　省份 县份 Di02　省级 县级 Dd06　省里 县里 Dd05　省情 县情 Da21　省属 县属 Dd06　省委 县委 Dm01　省政协 县政协 Dm01　省直 县直 Ja06

反例：2　省区 县区 None　省城 县城 None

54）声 音 Bg07

正例：9　声带 音带 Bk04　声调 音调 Bg07　声乐 音乐 Dk28　声速 音速 Dn01　声响 音响 Bg07　声像 音像 Dk29　声讯 音讯 Da19　声韵学 音韵学 Dk03　声障 音障 Dg05

反例：6　声息 音息 None　声色 音色 None　声势 音势 None　声名 音名 None　声波 音波 None　声频 音频 None

55）前 先 Ca11

正例：9　前辈 先辈 Ai02　前导 先导 Hf04　前锋 先锋 Di11　前例 先例 Da03　前秦 先秦 Ca02　前驱 先驱 Ai01　前头 先头 Ca11　前贤 先贤 Ak03　前兆 先兆 Da22

反例：7　前人 先人 None　前生 先生 None　前天 先天 None　前进 先进 None　前世 先世 None　前端 先端 None　前后 先后 None

56）脚 手 Bk08

正例：9　脚板 手板 Bk08　脚背 手背 Bk08　脚炉 手炉 Bp34　脚腕子 手腕子 Bk08　脚心 手心 Bk08　脚癣 手癣 Dl03　脚印 手印 Bg09　脚掌 手掌 Bk08　脚指头 手指头 Bk08

反例：5　脚气 手气 None　脚面 手面 None　脚下 手下 None　脚本 手本 None　脚法 手法 None

57）黄 青 Eb15

正例：9　黄豆 青豆 Bh06　黄花 青花 Bh02　黄梅 青梅 Bh13　黄山 青山 Be04　黄檀 青檀 Bh01　黄铜 青铜 Bm01　黄杨 青杨 Bh01　黄鱼 青鱼 Bi14　黄玉 青玉 Bm16

反例：3　黄色 青色 None　黄海 青海 None　黄麻 青麻 None

58）故 旧 Ed51

正例：9　故城 旧城 Cb25　故地 旧地 Cb08　故都 旧都 Di03　故迹 旧迹 Bg09　故交 旧交 Aj01　故居 旧居 Bn01　故友 旧友 Aj01　故宅 旧宅

Bn01　故址 旧址 Cb08

反例：1　故事 旧事 None

59）钢　铁　Bm02

正例：9　钢笔 铁笔 Bp17　钢管 铁管 Bm07　钢轨 铁轨 Bm02　钢筋 铁筋 Bm02　钢砂 铁砂 Bm02　钢水 铁水 Bm02　钢丝 铁丝 Bm02　钢索 铁索 Bp25　钢质 铁质 Dd12

反例：4　钢板 铁板 None　钢骨 铁骨 None　钢花 铁花 None　钢窗 铁窗 None

60）单　复　Eb02

正例：9　单摆 复摆 Bo03　单比 复比 Dn07　单方 复方 Dk15　单句 复句 Dk06　单色光 复色光 Bg03　单数 复数 Dn03　单线 复线 Cb27　单眼 复眼 Bk03　单音词 复音词 Dk06

反例：1　单利 复利 None

61）细　小　Ea03

正例：8　细菜 小菜 Br06　细节 小节 Da01　细毛 小毛 Bk11　细巧 小巧 Eb33　细小 小小 Ea03　细心 小心 Ee28　细雨 小雨 Bf01　细账 小账 Dj08

反例：4　细工 小工 None　细说 小说 None　细看 小看 None　细纺 小纺 None

62）晚　早　Eb22

正例：8　晚安 早安 La01　晚报 早报 Dk21　晚餐 早餐 Da18　晚车 早车 Bo21　晚稻 早稻 Bh05　晚饭 早饭 Da18　晚婚 早婚 Hj51　晚霜 早霜 Bf03

反例：6　晚上 早上 None　晚班 早班 None　晚点 早点 None　晚年 早年 None　晚期 早期 None　晚间 早间 None

63）外　异　Ed61

正例：8　外地 异地 Cb15　外国 异国 Di02　外乡 异乡 Cb15　外乡人 异乡人 Ad03　外心 异心 Df03　外姓 异姓 Dd15　外域 异域 Di02　外族 异族 Di04

反例：2　外文 异文 None　外客 异客 None

64）日　月　Bd02

正例：8　日报 月报 Dk21　日工 月工 Ae02　日光 月光 Bg03　日环食 月环食 Da22　日利率 月利率 Dj04　日夜 月夜 Ca29　日晕 月晕 Bg03　日子 月子 Ca03

反例：**4** 日中 月中 None 日月 月月 None 日经 月经 None 日历 月历 None

65）秋 夏 Ca18

正例：**8** 秋季 夏季 Ca19 秋粮 夏粮 Br01 秋令 夏令 Ca19 秋收 夏收 Da24 秋天 夏天 Ca19 秋夜 夏夜 Ca29 秋征 夏征 He10 秋种 夏种 Hd17

反例：**1** 秋日 夏日 None

66）前 下 Ca12

正例：**8** 前半晌 下半晌 Ca28 前半天 下半天 Ca28 前半叶 下半叶 Ca18 前半夜 下半夜 Ca29 前辈 下辈 Dd16 前身 下身 Bk01 前世 下世 Dh02 前肢 下肢 Bk08

反例：**17** 前人 下人 None 前边 下边 None 前线 下线 None 前头 下头 None 前面 下面 None 前方 下方 None 前脚 下脚 None 前场 下场 None 前列 下列 None 前行 下行 None 前来 下来 None 前期 下期 None 前台 下台 None 前院 下院 None 前周 下周 None 前任 下任 None 前去 下去 None

67）牛 羊 Bi06

正例：**8** 牛痘 羊痘 Dl03 牛粪 羊粪 Bl04 牛奶 羊奶 Br12 牛皮 羊皮 Bm13 牛皮纸 羊皮纸 Bp17 牛群 羊群 Bi06 牛肉 羊肉 Br06 牛倌 羊倌 Ae08

反例：**1** 牛角 羊角 None

68）两 一 Dn04

正例：**8** 两边 一边 Dd05 两端 一端 Dd05 两面 一面 Dd05 两旁 一旁 Cb06 两审 一审 Hm06 两头 一头 Dd05 两相情愿 一相情愿 Gc01 两院制 一院制 Di09

反例：**6** 两手 一手 None 两点 一点 None 两侧 一侧 None 两样 一样 None 两码事 一码事 None 两下子 一下子 None

69）里 外 Cb05

正例：**8** 里边 外边 Cb05 里带 外带 Bo25 里间 外间 Bn03 里面 外面 Cb05 里手 外手 Cb03 里头 外头 Cb05 里屋 外屋 Bn03 里弦 外弦 Bp13

反例：**1** 里道 外道 None

70）冷 凉 Eb26

正例：**8** 冷菜 凉菜 Br06 冷风 凉风 Bf02 冷面 凉面 Br05 冷气 凉

气　Bg05　冷水　凉水　Bg01　　冷丝丝　凉丝丝　Eb26　　冷溲溲　凉溲溲　Eb26　冷飕飕　凉飕飕　Eb26

反例：0

71）军　　团　Di09

正例：8　军长　团长　Ae10　军费　团费　Dj08　军徽　团徽　Bp21　军籍　团籍　Dd16　军旗　团旗　Bp20　军委　团委　Dm01　军校　团校　Dm05　军职　团职　Di15

反例：4　军体　团体　None　　军部　团部　None　　军队　团队　None　　军团　团团　None

72）加　　减　Ih05

正例：8　加法　减法　Db09　　加号　减号　Dk04　　加收　减收　Hc07　　加数　减数　Dn03　　加速　减速　Ih08　　加速器　减速器　Ba05　　加速运动　减速运动　Id14　加压　减压　Ih05

反例：1　加价　减价　None

73）会　　团　Di10

正例：8　会场　团场　Cb28　会费　团费　Dj08　会徽　团徽　Bp21　会聚　团聚　Ie09　会旗　团旗　Bp20　会员　团员　Aj07　会员证　团员证　Bp19　会章　团章　Di24

反例：1　会长　团长　None

74）河　　江　Be05

正例：8　河岸　江岸　Be03　　河北区　江北区　Di02　　河堤　江堤　Bn14　河东区　江东区　Di02　　河段　江段　Dd05　　河津市　江津市　Di02　　河口　江口　Cb20　　河流　江流　Be05

反例：6　河山　江山　None　　河水　江水　None　　河面　江面　None　　河北　江北　None　　河南　江南　None　　河豚　江豚　None

75）国　　海　Ed52

正例：8　国产品　海产品　Ba04　国防　海防　Hb04　国魂　海魂　Df01　国货　海货　Ba04　国难　海难　Da09　国内　海内　Cb05　国鸟　海鸟　Bi11　国外　海外　Cb05

反例：6　国事　海事　None　　国路　海路　None　　国葬　海葬　None　　国运　海运　None　　国产　海产　None　　国内外　海内外　None

76）姑　　姨　Ah06

正例：8　姑表　姨表　Ed58　姑夫　姨夫　Ah06　姑父　姨父　Ah06　姑妈　姨妈　Ah06　姑母　姨母　Ah06　姑娘　姨娘　Ah06　姑婆　姨婆　Ah06　姑丈　姨

丈 Ah06

反例：**0**

77）工　商　Di18

正例：**8**　工会 商会 Di10　工行 商行 Dm04　工业 商业 Di18　工业部 商业部 Dm01　工业化 商业化 Ih01　工业界 商业界 Dd05　工业局 商业局 Dm01　工业区 商业区 Cb08

反例：**4**　工事 商事 None　工人 商人 None　工场 商场 None　工贸 商贸 None

78）磁　电　Bg04

正例：**8**　磁场 电场 Cb28　磁化 电化 Ih01　磁极 电极 Dd13　磁力 电力 Dd14　磁路 电路 Cb27　磁能 电能 Dd14　磁学 电学 Dk03　磁针 电针 Bp04

反例：**3**　磁石 电石 None　磁棒 电棒 None　磁力线 电力线 None

79）哀　悲　Ga01

正例：**8**　哀愁 悲愁 Ga01　哀悼 悲悼 Gb06　哀歌 悲歌 Dk28　哀鸣 悲鸣 Fc10　哀戚 悲戚 Ga01　哀伤 悲伤 Ga01　哀叹 悲叹 Ic04　哀痛 悲痛 Ga01

反例：**0**

附录 D　成对替换类推规则示例（后字为替换成分）①

1）儿　子　Ah14

正例：**35**　矮个儿 矮个子 Ac01　把儿 把子 Bc04　大个儿 大个子 Ac01　档儿 档子 Dn08　兜儿 兜子 Bp11　杆儿 杆子 Bc04　高个儿 高个子 Ac01　高帽儿 高帽子 Dk11　个儿 个子 Dn01　棍儿 棍子 Bo13　孩儿 孩子 Ab04　尖儿 尖子 Al03　结儿 结子 Bp24　坎儿 坎子 Bn10　……

反例：**24**　鼻儿 鼻子 None　肠儿 肠子 None　点儿 点子 None　果儿 果子 None　核儿 核子 None　猴儿 猴子 None　花儿 花子 None　角儿 角子 None　棵儿 棵子 None　两口儿 两口子 None　马儿 马子 None　没法儿 没法子 None　明儿 明子 None　男孩儿 男孩子 None　谱儿 谱子 None

---

① 成对替换类推规则示例格式如下：
　　前字　后字 替换成分语义类
　　正例：正例数　正例列表（前词 后词 词语语义类）
　　反例：反例数　反例列表（前词 后词 词语语义类）

妻儿 妻子 None　托儿 托子 None　小辫儿 小辫子 None　小个儿 小个子 None　心窝儿 心窝子 None　旋儿 旋子 None　幼儿 幼子 None　鱼儿 鱼子 None　月儿 月子 None

2）人　者　Aa01

正例：31　保护人 保护者 Ah04　被害人 被害者 Ag07　策划人 策划者 Af10　持旗人 持旗者 Al05　持有人 持有者 Aj11　出资人 出资者 Af04　创建人 创建者 Af10　创业人 创业者 Af10　创意人 创意者 Ae16　当事人 当事者 Ag07　调解人 调解者 Aj14　发明人 发明者 Al02　管理人 管理者 Af10　……

反例：14　奠基人 奠基者 None　发行人 发行者 None　发言人 发言者 None　能人 能者 None　前人 前者 None　强人 强者 None　投保人 投保者 None　投资人 投资者 None　违章人 违章者 None　闻人 闻者 None　武人 武者 None　学人 学者 None　智人 智者 None　作人 作者 None

3）部　局　Di09

正例：31　安全部 安全局 Dm01　财务部 财务局 Di09　财政部 财政局 Dm01　电力部 电力局 Dm01　发展部 发展局 Di09　工业部 工业局 Dm01　公安部 公安局 Dm02　管理部 管理局 Di09　航天部 航天局 Dm01　技术部 技术局 Di09　监察部 监察局 Dm01　交通部 交通局 Dm01　教育部 教育局 Dm01　经济部 经济局 Dm01　开发部 开发局 Dm01　劳动部 劳动局 Dm01　……

反例：14　残部 残局 None　大部 大局 None　东北部 东北局 None　分部 分局 None　后勤部 后勤局 None　老干部 老干局 None　全部 全局 None　设计部 设计局 None　西北部 西北局 None　新闻部 新闻局 None　训练部 训练局 None　展览部 展览局 None　支部 支局 None　总部 总局 None

4）市　县　Di02

正例：29　安阳市 安阳县 Di02　长野市 长野县 Di02　邯郸市 邯郸县 Di02　胶南市 胶南县 Di02　金华市 金华县 Di02　九江市 九江县 Di02　开封市 开封县 Di02　莱西市 莱西县 Di02　辽阳市 辽阳县 Di02　奈良市 奈良县 Di02　南市 南县 Di02　潜江市 潜江县 Di02　全市 全县 Dd05　……

反例：8　本市 本县 None　长沙市 长沙县 None　地市 地县 None　该市 该县 None　各市 各县 None　花市 花县 None　开市 开县 None　我市 我县 None

5）道 路 Bn11

正例：26 半道 半路 Cb27 便道 便路 Bn11 岔道 岔路 Cb27 磁道 磁路 Cb27 大道 大路 Cb27 管道 管路 Cb27 航道 航路 Cb27 黑道 黑路 Bn11 近道 近路 Cb27 领道 领路 Hf04 门道 门路 Db09 盘山道 盘山路 Cb27 让道 让路 Hi30 山道 山路 Cb27 熟道 熟路 Cb27 水道 水路 Cb27 铁道 铁路 Bn11 通道 通路 Cb27 歪道 歪路 Dg07 弯道 弯路 Cb27 问道 问路 Hi18 邪道 邪路 Dg07 要道 要路 Cb27 远道 远路 Cb27 正道 正路 Dg07 主干道 主干路 Cb27

反例：17 出道 出路 None 道道 道路 None 短道 短路 None 干道 干路 None 公道 公路 None 国道 国路 None 过道 过路 None 开道 开路 None 老道 老路 None 球道 球路 None 同道 同路 None 外道 外路 None 小道 小路 None 修道 修路 None 中道 中路 None 走道 走路 None 甬道 甬路 None

6）局 厅 Di09

正例：18 财政局 财政厅 Dm01 广电局 广电厅 Dm01 机械局 机械厅 Dm01 监察局 监察厅 Dm01 监督局 监督厅 Dm01 交通局 交通厅 Dm01 教育局 教育厅 Dm01 劳动局 劳动厅 Dm01 林业局 林业厅 Dm01 煤炭局 煤炭厅 Dm01 民政局 民政厅 Dm01 农业局 农业厅 Dm01 人事局 人事厅 Dm01 市政局 市政厅 Dm01 水利局 水利厅 Dm01 统计局 统计厅 Dm01 卫生局 卫生厅 Dm01 文化局 文化厅 Dm01

反例：4 大局 大厅 None 电影局 电影厅 None 公安局 公安厅 None 展览局 展览厅 None

7）女 子 Ab01

正例：17 爱女 爱子 Ah14 才女 才子 Al03 次女 次子 Ah14 独生女 独生子 Ah14 儿女 儿子 Ah14 父女 父子 Ah04 母女 母子 Ah04 男女 男子 Ab01 孙女 孙子 Ah17 外孙女 外孙子 Ah17 仙女 仙子 Ac03 小女 小子 Ah14 哑女 哑子 Ag02 养女 养子 Ah14 义女 义子 Ah14 幼女 幼子 Ah14 侄女 侄子 Ah16

反例：4 长女 长子 None 苗女 苗子 None 石女 石子 None 童女 童子 None

8）面 头 Bk02

正例：17 被面 被头 Bp28 布面 布头 Bq01 出面 出头 Hi17 地面 地头 Cb15 东面 东头 Cb02 后面 后头 Cb04 里面 里头 Ca06 两面 两头 Dd05 露面 露头 Hi17 前面 前头 Ca11 上面 上头 Aj08 手面 手头

Da21　外面　外头　Cb05　西面　西头　Cb02　下面　下头　Aj08　仰面　仰头　Fc01　一面　一头　Dd05

反例：18　白面　白头　None　北面　北头　None　大面　大头　None　当面　当头　None　断面　断头　None　对面　对头　None　光面　光头　None　黑面　黑头　None　街面　街头　None　镜面　镜头　None　碰面　碰头　None　平面　平头　None　墙面　墙头　None　桥面　桥头　None　水面　水头　None　烫面　烫头　None　头面　头头　None　纸面　纸头　None

9）力　能　Dd14

正例：17　才力　才能　De04　磁力　磁能　Dd14　电力　电能　Dd14　动力　动能　Dd14　风力　风能　Dd14　辐射力　辐射能　Dd14　功力　功能　Da25　核子力　核子能　Dd14　结合力　结合能　Dd14　内力　内能　Dd14　潜力　潜能　Dd14　权力　权能　Di21　水力　水能　Dd14　体力　体能　Dd14　效力　效能　Da25　运力　运能　Dd14　智力　智能　De04

反例：4　不力　不能　None　热力　热能　None　势力　势能　None　无力　无能　None

10）父　母　Ah04

正例：17　伯父　伯母　Ah05　慈父　慈母　Ah04　姑父　姑母　Ah06　继父　继母　Ah04　家父　家母　Ah04　舅父　舅母　Ah06　丧父　丧母　If16　生父　生母　Ah04　师父　师母　Aj10　叔父　叔母　Ah05　外祖父　外祖母　Ah03　养父　养母　Ah04　姨父　姨母　Ah06　义父　义母　Ah04　岳父　岳母　Ah07　曾祖父　曾祖母　Ah02　祖父　祖母　Ah02

反例：1　老父　老母　None

11）出　入　Hj64

正例：15　步出　步入　Hj64　传出　传入　Ie01　导出　导入　Ie01　调出　调入　Hc03　借出　借入　Hi27　进出　进入　Hj64　列出　列入　Id08　流出　流入　Hj64　迈出　迈入　Fb04　排出　排入　Hj64　迁出　迁入　Hj02　驶出　驶入　Hf03　输出　输入　He01　引出　引入　Hi57　跃出　跃入　Hj64

反例：6　打出　打入　None　汇出　汇入　None　渗出　渗入　None　突出　突入　None　映出　映入　None　涌出　涌入　None

12）日　天　Ca23

正例：14　白日　白天　Ca28　成日　成天　Eb24　春日　春天　Ca19　当日　当天　Ca23　改日　改天　Ca12　今日　今天　Ca10　礼拜日　礼拜天　Ca22　每日　每天　Ca23　明日　明天　Ca12　前日　前天　Ca23　夏日　夏天　Ca19　星期日　星期天　Ca22　终日　终天　Eb24　昨日　昨天　Ca23

反例：**4**　半日　半天　None　冬日　冬天　None　秋日　秋天　None　全日　全天　None

13）课　学　Dk03

正例：**14**　复课　复学　Jd08　管理课　管理学　Dk03　讲课　讲学　Hg05　教课　教学　Hg05　教育课　教育学　Dk03　开课　开学　Ig01　生物课　生物学　Dk03　逃课　逃学　Hg09　停课　停学　Ig02　文化课　文化学　Dk03　下课　下学　Ig01　选课　选学　Hj25　政治课　政治学　Dk03　质量课　质量学　Dk03

反例：**3**　大课　大学　None　兼课　兼学　None　上课　上学　None

14）部　厅　Di09

正例：**14**　财政部　财政厅　Dm01　公安部　公安厅　Dm01　监察部　监察厅　Dm01　交通部　交通厅　Dm01　教育部　教育厅　Dm01　劳动部　劳动厅　Dm01　林业部　林业厅　Dm01　贸易部　贸易厅　Dm01　民政部　民政厅　Dm01　农业部　农业厅　Dm01　人事部　人事厅　Dm01　水利部　水利厅　Dm01　卫生部　卫生厅　Dm01　文化部　文化厅　Dm01

反例：**5**　大部　大厅　None　服务部　服务厅　None　记者部　记者厅　None　营业部　营业厅　None　展览部　展览厅　None

15）边　面　Bc02

正例：**14**　东边　东面　Cb02　后边　后面　Cb04　里边　里面　Ca06　两边　两面　Dd05　前边　前面　Cb04　上边　上面　Aj08　手边　手面　Da21　双边　双面　Dd05　外边　外面　Bc02　西边　西面　Cb02　下边　下面　Cb03　一边　一面　Dd05　右边　右面　Cb03　左边　左面　Cb03

反例：**12**　北边　北面　None　单边　单面　None　海边　海面　None　河边　河面　None　湖边　湖面　None　路边　路面　None　南边　南面　None　水边　水面　None　四边　四面　None　贴边　贴面　None　斜边　斜面　None　桌边　桌面　None

16）县　州　Di02

正例：**13**　本县　本州　Di02　曹县　曹州　Di02　该县　该州　Di02　赣县　赣州　Di02　各县　各州　Di02　林县　林州　Di02　梅县　梅州　Di02　宿县　宿州　Di02　通县　通州　Di02　新县　新州　Di02　自治县　自治州　Di02　衢县　衢州　Di02　涿县　涿州　Di02

反例：**6**　沧县　沧州　None　郴县　郴州　None　滁县　滁州　None　徽县　徽州　None　全县　全州　None　漳县　漳州　None

17）声　音　Bg07

正例：**13**　低声　低音　Bg07　发声　发音　Fc09　高声　高音　Bg07　号声

号音 Bg07　回声 回音 Bg07　乐声 乐音 Bg07　轻声 轻音 Bg07　同声 同音 Jb01　童声 童音 Bg07　响声 响音 Bg07　谐声 谐音 Bg07　语声 语音 Bg07　噪声 噪音 Bg07

反例：**3**　失声 失音 None　尾声 尾音 None　心声 心音 None

18) 人　员　Aa01

正例：**13**　保管人 保管员 Ae01　病人 病员 Ag01　发行人 发行员 Ae01　公证人 公证员 Aj14　管理人 管理员 Af10　减人 减员 Ih05　人人 人员 Aa01　消防人 消防员 Ae01　学人 学员 Ae13　要人 要员 Af11　艺人 艺员 Ae17　引水人 引水员 Ae03　专人 专员 Aj13

反例：**11**　超人 超员 None　成人 成员 None　大人 大员 None　动人 动员 None　共产党人 共产党员 None　官人 官员 None　生人 生员 None　收发人 收发员 None　收款人 收款员 None　仲裁人 仲裁员 None　主办人 主办员 None

19) 内　外　Cb05

正例：**13**　场内 场外 Cb05　城内 城外 Cb05　党内 党外 Cb05　对内 对外 Cb05　分内 分外 Ed54　国内 国外 Cb05　海内 海外 Cb05　室内 室外 Cb05　体内 体外 Cb05　以内 以外 Cb05　预算内 预算外 Hj29　在内 在外 Jd02　之内 之外 Cb05

反例：**5**　境内 境外 None　棚内 棚外 None　区内 区外 None　省内 省外 None　校内 校外 None

20) 衣　装　Bq03

正例：**12**　便衣 便装 Bq03　冬衣 冬装 Bq03　短衣 短装 Bq03　红衣 红装 Bq03　军衣 军装 Bq03　绿衣 绿装 Bq03　戎衣 戎装 Bq03　上衣 上装 Bq03　戏衣 戏装 Bq03　夏衣 夏装 Bq03　新衣 新装 Bq03　泳衣 泳装 Bq03

反例：**2**　毛衣 毛装 None　线衣 线装 None

21) 人　子　Aa01

正例：**12**　疯人 疯子 Ag01　夫人 夫子 Ah08　浪人 浪子 An04　老人 老子 Ah04　男人 男子 Ab01　女人 女子 Ab01　头人 头子 Af10　仙人 仙子 Ac03　小人 小子 Aa02　学人 学子 Ae13　游人 游子 Ag10　主人 主子 Aj05

反例：**24**　爱人 爱子 None　本人 本子 None　单人 单子 None　道人 道子 None　调人 调子 None　法人 法子 None　个人 个子 None　公人 公子 None　汉人 汉子 None　黑人 黑子 None　骄人 骄子 None　巨人 巨子

None　路人　路子　None　面人　面子　None　明人　明子　None　骗人　骗子
None　旗人　旗子　None　亲人　亲子　None　庶人　庶子　None　托人　托子
None　下人　下子　None　要人　要子　None　原人　原子　None　中人　中子
None

22）队　团　Di10

正例：**12**　调查队　调查团　Di10　该队　该团　Di10　工作队　工作团　Di10
管弦乐队　管弦乐团　Di10　交响乐队　交响乐团　Di10　军乐队　军乐团　Di10
乐队　乐团　Di10　青年队　青年团　Di10　入队　入团　Hj19　商队　商团　Di10
舞蹈队　舞蹈团　Di10　组队　组团　Hc05

反例：**5**　军队　军团　None　男队　男团　None　女队　女团　None　全队　全
团　None　团队　团团　None

23）事　务　Da01

正例：**11**　法事　法务　Da01　公事　公务　Da01　国事　国务　Da01　急事
急务　Da01　家事　家务　Da01　农事　农务　Di19　商事　商务　Da01　时事　时
务　Da01　事事　事务　Da01　外事　外务　Da01　政事　政务　Da01

反例：**4**　军事　军务　None　特事　特务　None　要事　要务　None　杂事　杂
务　None

24）裤　衣　Bq03

正例：**11**　长裤　长衣　Bq03　衬裤　衬衣　Bq03　单裤　单衣　Bq03　短裤
短衣　Bq03　毛裤　毛衣　Bq03　棉裤　棉衣　Bq03　内裤　内衣　Bq03　球裤　球
衣　Bq03　绒裤　绒衣　Bq03　睡裤　睡衣　Bq03　卫生裤　卫生衣　Bq03

反例：**0**

25）地　田　Bn12

正例：**11**　菜地　菜田　Bn12　承包地　承包田　Bn12　旱地　旱田　Bn12　麦
地　麦田　Bn12　坡地　坡田　Bn12　实验地　实验田　Bn12　试验地　试验田
Bn12　水地　水田　Bn12　心地　心田　Df02　种地　种田　Hd17　种子地　种子
田　Bn12

反例：**5**　大地　大田　None　耕地　耕田　None　沙地　沙田　None　洼地　洼
田　None　园地　园田　None

26）村　乡　Cb25

正例：**11**　该村　该乡　Cb30　河西村　河西乡　Di02　绿杨村　绿杨乡　Di02
全村　全乡　Dd05　山村　山乡　Cb25　示范村　示范乡　Cb25　团结村　团结乡
Di02　西柏坡村　西柏坡乡　Di02　新市村　新市乡　Di02　杨家村　杨家乡　Di02
渔村　渔乡　Cb25

反例：**2** 本村 本乡 None 新村 新乡 None

27）市 镇 Cb25

正例：**10** 朝阳市 朝阳镇 Di02 城市 城镇 Cb25 东阳市 东阳镇 Di02 该市 该镇 Cb30 高密市 高密镇 Di02 海林市 海林镇 Di02 洛阳市 洛阳镇 Di02 南平市 南平镇 Di02 南阳市 南阳镇 Di02 温泉市 温泉镇 Di02

反例：**1** 集市 集镇 None

28）家 者 Aa01

正例：**10** 编辑家 编辑者 Ae16 表演家 表演者 Ae17 发明家 发明者 Al02 历史学家 历史学者 Al02 旅行家 旅行者 Ag10 买家 买者 Aj06 收藏家 收藏者 Al02 输家 输者 Ag09 学家 学者 Al02 制造家 制造者 Al02

反例：**14** 编导家 编导者 None 出版家 出版者 None 改革家 改革者 None 革命家 革命者 None 教育家 教育者 None 居家 居者 None 剧作家 剧作者 None 老家 老者 None 投资家 投资者 None 行家 行者 None 演唱家 演唱者 None 演奏家 演奏者 None 指挥家 指挥者 None 作家 作者 None

29）服 装 Bq03

正例：**10** 便服 便装 Bq03 军服 军装 Bq03 盛服 盛装 Bq03 套服 套装 Bq03 西服 西装 Bq03 休闲服 休闲装 Bq03 艳服 艳装 Bq03 洋服 洋装 Bq03 衣服 衣装 Bq03 中服 中装 Bq03

反例：**1** 平服 平装 None

30）船 轮 Bo22

正例：**10** 渡船 渡轮 Bo22 海船 海轮 Bo22 货船 货轮 Bo22 客船 客轮 Bo22 汽船 汽轮 Bo22 拖船 拖轮 Bo22 邮船 邮轮 Bo22 油船 油轮 Bo22 游船 游轮 Bo22 渔船 渔轮 Bo22

反例：**2** 车船 车轮 None 飞船 飞轮 None

31）报 刊 Dk21

正例：**10** 办报 办刊 Hc05 本报 本刊 Dk21 党报 党刊 Dk21 画报 画刊 Dk21 季报 季刊 Dk21 年报 年刊 Dk21 书报 书刊 Dk21 学报 学刊 Dk21 月报 月刊 Dk21 周报 周刊 Dk21

反例：**0**

32）室 厅 Bn03

正例：**9** 会客室 会客厅 Bn03 会议室 会议厅 Bn03 接待室 接待厅 Bn03 理发室 理发厅 Dm04 起居室 起居厅 Bn03 休息室 休息厅 Bn03

演播室 演播厅 Bn03　营业室 营业厅 Dm04　展室 展厅 Bn03

反例：4　办公室 办公厅 None　茶室 茶厅 None　电影室 电影厅 None 文化室 文化厅 None

33）省　县　Di02

正例：9　本省 本县 Di02　该省 该县 Di02　各省 各县 Di02　某省 某县 Di02　全省 全县 Dd05　松江省 松江县 Di02　外省 外县 Cb15　我省 我县 Di02　自治省 自治县 Di02

反例：1　邻省 邻县 None

34）人　士　Aa01

正例：9　辩护人 辩护士 Ae12　军人 军士 Ae10　名人 名士 Af11　男人 男士 Ab01　女人 女士 Ab01　人人 人士 Aa01　学人 学士 Ae13　雅人 雅士 Al01　游人 游士 Ag10

反例：5　道人 道士 None　上人 上士 None　武人 武士 None　下人 下士 None　中人 中士 None

35）进　入　Hj64

正例：9　闯进 闯入 Hj64　购进 购入 He03　混进 混入 Hj19　买进 买入 He03　迈进 迈入 Hj67　驶进 驶入 Hf03　踏进 踏入 Hj64　装进 装入 Fa16　走进 走入 Hj64

反例：8　并进 并入 None　调进 调入 None　跌进 跌入 None　加进 加入 None　卷进 卷入 None　突进 突入 None　引进 引入 None　跃进 跃入 None

36）价　值　Dj02

正例：9　标价 标值 Dj02　等价 等值 Jb01　股价 股值 Dj02　规定价 规定值 Dj02　货价 货值 Dj02　净价 净值 Dj02　平均价 平均值 Dj02　市价 市值 Dj02　总价 总值 Dj02

反例：4　比价 比值 None　调价 调值 None　时价 时值 None　最低价 最低值 None

37）费　款　Dj08

正例：9　房费 房款 Dj08　公费 公款 Dj08　汇费 汇款 Dj08　交费 交款 He10　救济费 救济款 Dj08　欠费 欠款 Dj08　收费 收款 He10　税费 税款 Dj08　统筹费 统筹款 Dj08

反例：1　付费 付款 None

38）朝　代　Ca02

正例：9　汉朝 汉代 Ca02　秦朝 秦代 Ca02　清朝 清代 Ca02　商朝 商

代 Ca02　宋朝 宋代 Ca02　隋朝 隋代 Ca02　唐朝 唐代 Ca02　元朝 元代 Ca02　周朝 周代 Ca02

反例：3　明朝 明代 None　上朝 上代 None　一朝 一代 None

39）北　南　Cb02

正例：9　大西北 大西南 Cb08　东北 东南 Cb08　河北 河南 Di02　湖北 湖南 Di02　华北 华南 Cb08　江北 江南 Cb08　西北 西南 Cb08　以北 以南 Cb08　正北 正南 Cb02

反例：0

40）帐　账　Dj08

正例：8　呆帐 呆账 Dj08　结帐 结账 He12　赖帐 赖账 Hi22　明细帐 明细账 Dj08　赔帐 赔账 If24　欠帐 欠账 He08　日记帐 日记账 Dj08　细帐 细账 Dj08

反例：12　报帐 报账 None　查帐 查账 None　冲帐 冲账 None　挂帐 挂账 None　记帐 记账 None　买帐 买账 None　盘帐 盘账 None　入帐 入账 None　算帐 算账 None　销帐 销账 None　转帐 转账 None　总帐 总账 None

41）身　体　Bc03

正例：8　合身 合体 Ed49　健身 健体 Hg06　可身 可体 Ed49　人身 人体 Bk01　肉身 肉体 Bk01　上身 上体 Bk01　尸身 尸体 Bk01　下身 下体 Bk01

反例：9　车身 车体 None　船身 船体 None　机身 机体 None　立身 立体 None　全身 全体 None　通身 通体 None　一身 一体 None　正身 正体 None　转身 转体 None

42）上　下　Ca04

正例：8　楼上 楼下 Cb03　山上 山下 Be04　水上 水下 Cb03　台上 台下 Cb03　向上 向下 Ie12　形而上 形而下 Dk02　以上 以下 Cb03　之上 之下 Cb03

反例：7　场上 场下 None　地上 地下 None　犯上 犯下 None　如上 如下 None　上上 上下 None　手上 手下 None　天上 天下 None

43）炮　枪　Bo27

正例：8　步炮 步枪 Bo27　打炮 打枪 Hb06　大炮 大枪 Bo27　火炮 火枪 Bo27　机炮 机枪 Bo27　开炮 开枪 Hb06　排炮 排枪 Bo27　土炮 土枪 Bo27

反例：1　花炮 花枪 None

44）牛 羊 Bi06

正例：8 菜牛 菜羊 Bi06 放牛 放羊 Hd27 公牛 公羊 Bi06 黄牛 黄羊 Bi06 克隆牛 克隆羊 Bi06 羚牛 羚羊 Bi06 奶牛 奶羊 Bi06 种牛 种羊 Bi06

反例：0

45）面 线 Cb23

正例：8 垂直面 垂直线 Cb23 反射面 反射线 Cb23 海平面 海平线 Cb23 切面 切线 Cb23 曲面 曲线 Cb23 双曲面 双曲线 Cb23 水平面 水平线 Cb23 斜面 斜线 Cb23

反例：20 布面 布线 None 侧面 侧线 None 出面 出线 None 单面 单线 None 地面 地线 None 光面 光线 None 黑面 黑线 None 界面 界线 None 路面 路线 None 抛物面 抛物线 None 皮面 皮线 None 平行面 平行线 None 前面 前线 None 全面 全线 None 水面 水线 None 外面 外线 None 西面 西线 None 下面 下线 None 一面 一线 None 正面 正线 None

46）妈 娘 Ah04

正例：8 大妈 大娘 Ah05 爹妈 爹娘 Ah04 干妈 干娘 Ah04 姑妈 姑娘 Ah06 后妈 后娘 Ah04 老大妈 老大娘 Ab02 奶妈 奶娘 Af02 姨妈 姨娘 Ah06

反例：0

47）来 去 Hj63

正例：8 出来 出去 Hj64 归来 归去 Hf07 过来 过去 Hj63 回来 回去 Hf07 进来 进去 Hj64 前来 前去 Hj63 上来 上去 Hj62 下来 下去 Hj62

反例：1 驶来 驶去 None

48）军 战 Di11

正例：8 大军 大战 Di11 督军 督战 Hb02 海军 海战 Di11 空军 空战 Di11 陆军 陆战 Di11 水军 水战 Di11 义军 义战 Di11 正规军 正规战 Di11

反例：1 参军 参战 None

49）家 人 Aa01

正例：8 病家 病人 Ag01 仇家 仇人 Aj01 发明家 发明人 Al02 富家 富人 Ag04 邻家 邻人 Aj02 名家 名人 Af11 亲家 亲人 Ah01 众家 众人 Aa01

反例：**28** 本家 本人 None 成家 成人 None 大家 大人 None 道家 道人 None 法家 法人 None 各家 各人 None 公家 公人 None 国家 国人 None 家家 家人 None 客家 客人 None 老家 老人 None 恋家 恋人 None 每家 每人 None 男家 男人 None 女家 女人 None 人家 人人 None 商家 商人 None 上家 上人 None 世家 世人 None 私家 私人 None 他家 他人 None 投资家 投资人 None 下家 下人 None 行家 行人 None 学家 学人 None 音乐家 音乐人 None 专家 专人 None 作家 作人 None

50）剂 药 Br13

正例：**8** 毒剂 毒药 Br14 膏剂 膏药 Br13 麻醉剂 麻醉药 Br13 杀虫剂 杀虫药 Br13 试剂 试药 Br13 汤剂 汤药 Br13 丸剂 丸药 Br13 镇静剂 镇静药 Br13

反例：**2** 配剂 配药 None 制剂 制药 None

51）国 县 Di02

正例：**8** 本国 本县 Di02 该国 该县 Di02 共和国 共和县 Di02 古国 古县 Di02 南国 南县 Di02 通国 通县 Di02 万国 万县 Di02 我国 我县 Di02

反例：**7** 巴国 巴县 None 各国 各县 None 开国 开县 None 邻国 邻县 None 全国 全县 None 外国 外县 None 兴国 兴县 None

52）工 匠 Ae02

正例：**8** 花工 花匠 Ae02 画工 画匠 Ae02 木工 木匠 Ae02 漆工 漆匠 Ae02 石工 石匠 Ae02 铁工 铁匠 Ae02 瓦工 瓦匠 Ae02 油漆工 油漆匠 Ae02

反例：**0**

53）方 面 Dd05

正例：**8** 地方 地面 Cb08 东方 东面 Cb02 前方 前面 Cb04 上方 上面 Cb03 双方 双面 Dd05 西方 西面 Cb02 右方 右面 Cb03 左方 左面 Cb03

反例：**18** 北方 北面 None 侧方 侧面 None 大方 大面 None 单方 单面 None 店方 店面 None 对方 对面 None 反方 反面 None 黑方 黑面 None 后方 后面 None 见方 见面 None 蒙方 蒙面 None 南方 南面 None 平方 平面 None 四方 四面 None 外方 外面 None 下方 下面 None 药方 药面 None 正方 正面 None

54）到 来 Hj63

正例：8 传到 传来 Ie01 带到 带来 Hj36 得到 得来 Je12 赶到 赶来 Hj63 回到 回来 Hf07 看到 看来 Fc04 送到 送来 Hi27 用到 用来 Hj28

反例：2 起到 起来 None 想到 想来 None

55）村 镇 Cb25

正例：8 该村 该镇 Cb30 官庄村 官庄镇 Di02 河西村 河西镇 Di02 南阳村 南阳镇 Di02 太平村 太平镇 Di02 乡村 乡镇 Cb25 辛店村 辛店镇 Di02 竹园村 竹园镇 Di02

反例：0

56）船 艇 Bo22

正例：8 飞船 飞艇 Bo22 划船 划艇 Hf03 舰船 舰艇 Bo30 摩托船 摩托艇 Bo22 汽船 汽艇 Bo22 橡皮船 橡皮艇 Bo22 小船 小艇 Bo22 游船 游艇 Bo22

反例：0

57）茶 酒 Br12

正例：8 果茶 果酒 Br12 喝茶 喝酒 Fc06 名茶 名酒 Br12 奶茶 奶酒 Br12 品茶 品酒 Hj45 清茶 清酒 Br12 饮茶 饮酒 Fc06 斟茶 斟酒 Fa24

反例：0

58）部 处 Di09

正例：8 财务部 财务处 Di09 服务部 服务处 Di09 管理部 管理处 Di09 联络部 联络处 Di09 人事部 人事处 Di09 事务部 事务处 Di09 新闻部 新闻处 Di09 信贷部 信贷处 Di09

反例：9 各部 各处 None 工作部 工作处 None 公安部 公安处 None 教育部 教育处 None 商务部 商务处 None 深部 深处 None 文化部 文化处 None 下部 下处 None 住院部 住院处 No

后　记

　　转眼间，从 2010 年博士毕业到现在已经六年多了。博士论文一直没有正式出版，一个主要原因是我更多地工作在计算语言学的圈子里。计算语言学和语言学是两个完全不同的世界，前者属于理工科，后者属于人文社会学科，思维方式、工作方式、评价方式以及成果发表方式都有着天壤之别，我多数时间工作单位属于语言学系，研究活动却在计算语言学界，常常要经受两者之间的差异所带来的种种煎熬和折磨，其中的痛苦滋味实在难以用语言表达。就成果发表方式来说，语言学界学者出书是常态，博士论文出书对绝大多数学者而言都是一种自然而然的行为；计算语言学界学者更多地喜欢发表论文，出书的很少，博士论文出书的则更少。这一方面是因为评价方式造成的，计算语言学界更看重论文。另一方面也是因为学科本身的差异，计算语言学界更多地是在研究算法，算法更新换代很快，论文发表速度要远远快于书的出版速度，因此大家更关注最新的论文，专著则更多地充当教材的角色；语言学界更多的时候在研究语言理论和语言现象，语言理论的变化相对缓慢，十几年甚至几十年前提出的理论可能仍然是研究的焦点，语言现象的描写和分析也往往在数十年后仍然具有时效性，而且单篇论文往往只能涉及理论或现象的局部，在提供系统和整体性知识方面远远比不上专著。正是因为这个原因，我一直很少认真地考虑出书的事情，但又时常会被同事、同学追问此事。

　　直到今年，在再三考虑之下，最终决定将博士论文出版。一方面，因为我目前的工作单位是中文系，另一方面，因为我获得博士学位的单位也是中文系，所以还是顺其自然地将它出版为好。

　　本书是在我的博士论文基础上修改而成的，而博士论文的主体工作则是在 NEC 中国研究院实习期间完成的。当时，我在赵凯和胡长建两位研究员指导下做一些研究工作。2008 年年初的时候我们决定研究词类标注，而词类标注中最大的难点是未登录词的词类标注，因此我们就从未登录词词类标注这个任务入手。三个月后，我们的第一篇论文被 COLING2008 接受，这是一个好的开始。很快，我们就从词类标注问题转移到语义类标注问题上，实现了基于内部特征的语义类标注算法。此时我们注意到 Xiaofei Lu 的实验结果表明上下文特征的使用没有能够带来语义类标注性能的提升。2009 年春夏之交的时候，我们接触到北京大学计算机系的金澎博士，得知他的博士论文是词语相似度的计算，此时我们才认识到语义类标注与词语相似度计算具有很密切的关系，进而对上下文特征在语义类标注中的作用产生新的想法。然后我们就开始采用大规模的文本语料库来计算词语相似度，并以之进行语义类标注的工作。我们发现单纯使用上下文特征计算的结果的确不如使用内部特征，但是简单地将二者结合起来就能获得大幅度的性能提升，这就是我们提出的内部特征与外部特征相结合的模型。这一篇文章命途多舛，最后发表在 CICLing2011 上。在此期间，NEC 美国研究院已经提出了基于深度神经网络的语义表示模型 SENNA，还曾经邀请 NEC 中国研究院的同事沈国阳去美国学习该系统，并探索将该系统应用于中文。沈国阳回国之后，在中文上做了一些尝试，主要是计算字的语义表示，效果并不是太理想，与我使用基于传统向量表示方法的结果没有太大的区别，所以我后来就没有对 SENNA 之类的模型予以足够多的关注。2009 年的时候我还提出了一个半监督的情感分类模型，不仅可以对文章的情感分类，也可以对字串或者词语的情感进行分类，它本质上是基于外部特征来判断词语的情感类别，这一篇论文在 2009 年被 CIKM 接受。此时，我博士论文的主体工作基本完成了。为了使博士论文的主题更为集中，我并没有将情感分类的工作放进来。博士毕业两年的时候我的博士论文获得北京大学优秀博士论文二等奖，多半是因为我在 COLING 和 CIKM 上发表过论文的缘故。

直到 2014 年，我去新加坡科技与设计大学做博士后研究的时候才了解到，包括 SENNA 在内的深度学习模型在 NLP 领域已经掀起了一个 embedding 的热潮，几乎席卷了整个自然语言处理学界，一跃成为最主流的方法。但我一直对 embedding 相对于传统向量表示方法的优势持保留态度。为此，不得不尝试着更多地去了解和使用它。使用 Mikolov 的著名工具 WORD2VEC 以及 Levy 和 Goldberg 的改进版工具 WORD2VECF，我训练了几个中文的 embedding，并进行了类比识别和类比挖掘的任务，其中最核心的工作仍然是词语相似度的计算，这与我博士论文阶段的工作是一脉相承的。这篇文章发表在 EMNLP2015 上。在《同义词词林》上的评价结果表明，基于 embedding 和基于传统向量表示的词语相似度计算结果基本相当，详细的分析结果则表明二者各有优势。WORD2VEC 这样的工具在使用上的确要比我以前开发的词语相似度计算工具要方便一些，但在速度和性能上并没有质的区别。

在正式出版本书的时候，2010 年完成的博士论文构成了本书的主体部分，基本上保持原貌，没有做大的改动，只是将 EMNLP2015 的工作进行了一些修改并作为一个独立的章节放入其中，藉以反映该领域的最新进展。

对于已经完成的工作，内心总是不太满意，感觉存在这样那样的不足，感觉没有大的突破，但这些问题归根结底都是自身能力不足或用功不够造成的。所有这些工作都得到了许多老师的悉心指点，得到许多同学和朋友的热情帮助，对此我会永远铭记在心底。

在本书即将付梓之即，首先要感谢我的导师陈保亚教授。没有陈老师十年如一日的悉心教诲，就不会有本书的出版。书中的许多观点都是在陈老师的指导下形成的，陈老师平行周遍律的思想更是给予我和本书深刻的影响。陈老师的睿智、严谨和创新永远是我学习的榜样。

感谢北京大学中文系语言学教研室的王洪君老师、李娟老师、叶文曦老师、董秀芳老师、汪锋老师、王超贤老师和现代汉语教研室的袁毓林老师、郭锐老师、詹卫东老师、朱彦老师。各位老师的渊博知识和对专业的执著追求使我获益匪浅，既丰富了我的知识，拓宽了我的视野，也影响了我的人生。正是在各位老师的言传身教之下，我才对语言学产生了浓厚的兴趣，并最终决定投身于语言学研究者的行列。

感谢宋作艳师姐、张文贤师姐、李计伟同学、李佳同学，他们在生活和学习上给了我许多的帮助，学术上的讨论也使我受益良多。

感谢北京大学计算语言学研究所的俞士汶老师、朱学锋老师、王厚峰老师、段慧明老师、吴云芳老师、穗志方老师，他们在我的本科阶段和研究生阶段为我提供了接触自然语言处理研究的机会，并直接为本书的研究工作提供了《现代汉语语法词典》和《人民日报》标注语料库。没有这些资料，我的工作不可能顺利地进行下去。

感谢中国科学院赵军研究员、哈尔滨工业大学刘挺教授。他们在计算语言学方面给予了我许多指导，与他们的讨论进一步加深了我对计算语言学现状和发展趋势的了解，使我获益良多。

感谢北京城市学院人工智能研究所所长孙承意教授。在我攻读博士学位期间，为我从事博士研究创造了良好的条件，提供了许多便利；在为人处事方面，孙教授也给予我很多指点和教导。

感谢 NEC 中国研究院的赵凯博士和胡长建博士。我博士论文中的许多工作都是在他们的启发和帮助下完成的，许多观点和想法都是在与他们的讨论中萌发、发展的。

感谢新加坡科技与设计大学的张岳教授。关于分布式语义表示的很多知识和想法，都是在新加坡学习到的。

感谢我的父母。他们文化程度不高，但是勤劳朴实，也深知教育改变人生的道理。在他们的教诲和鼓励下，我兄弟二人同时考入大学。就我们所处的偏僻山村而言，殊为不易。

感谢我的妻子郭玉荣女士。为了我的学业，她放弃了自己的工作，承担了几乎所有的养育女儿的责任；她的关心和鼓舞，是我最大的动力。感谢我的女儿果果，她的成长给我带来了许多欢乐，也是我不断努力的动力。

感谢鲁东大学文学院院长亢世勇教授。正是在院长的大力支持下，本书才得以顺利出版。还要感谢两位研究生何保荣和张典同学，她们为本书的校对工作付出了心血。

最后，非常感谢科学出版社石悦和赵微微编辑在整个出版过程中给予我们的理解、支持和帮助，希望以后有机会能继续合作。

由于时间和水平所限，本书难免会存在一些疏漏之处，恳请读者批评指正，并欢迎随时就书中的任何问题联系作者（qiulikun@gmail.com）。我们将及时更新本书的勘误表。

邱立坤

2016 年 6 月于山东烟台